Klimaspuren – das war eine öffentliche Wanderung von Ilanz nach Genf im Sommer 2021. Dieses Bilder- und Lesebuch ist ein Expeditionsbericht zur Klimakrise in der Schweiz. Es folgt den Spuren, die der Klimawandel in der Gesellschaft und der Natur hinterlässt, es zeigt Spielräume und Befindlichkeiten auf und dokumentiert, wie sich Menschen und Institutionen gegen die Klimafolgen wappnen und wie sie sich engagieren, damit die Zukunft klimaverträglich werden kann.
Klimaspuren – das sind Köbi Gantenbein, Dominik Siegrist und Zoe Stadler. Sie haben die Forschungsreise organisiert und sind die 42 Etappen im grossen Bogen durch die Schweiz mit insgesamt rund 700 Frauen und Männern mitgewandert, in der Romandie unterstützt von Sylvain Badan und Lucie Wiget.
Klimaspuren dokumentiert mit 75 Ortsterminen und 80 Beiträgen den Stand der Klimapolitik in der Schweiz. Zu Wort kommen Aktivistinnen und Gemeindepräsidenten, Forscherinnen und Unternehmer, Bäuerinnen und Fischer.
Die Fotos stammen von Ralph Feiner und Jaromir Kreiliger.

Auf Klimaspuren
Eine Expedition von Ilanz nach Genf

Edition Hochparterre
Köbi Gantenbein, Dominik Siegrist, Zoe Stadler (Texte)
Ralph Feiner, Jaromir Kreiliger (Fotografie)
Sylvain Badan, Lucie Wiget (Mitarbeit)

Auf Klimaspuren

Eine Expedition von Ilanz nach Genf

6 Klimaspurens Forschungsreise

11 Beginnen
12 Im ‹Burggarta› von Valendas
14 Fragen an Eva Spehn: Je wärmer, desto weniger Biodiversität?
18 Fragen an Reto Gurtner: Ist ‹Netto Null› im Tourismus machbar?
22 Der grüne Handel für Graubünden
24 Sonnenkraftwerk, Sonnenkindergarten, Sonnenpflicht
32 Fragen an Regula Ott und Giulia Casale: Chur als ‹Netto-Null›-Stadt – wie soll das gehen?
36 Auto bändigen, St. Luzi-Brücke verhindern
38 Geschäft und Weltverbesserung
40 Peter Zumthor: «Ich bin dagegen, dass wir alles niederreissen und neu bauen»
42 Das Brückenballett von Landquart
48 Unter Klimabauern
52 Streik im Dorf
56 Ausserhalb der Bauzone
60 Im Flachmoor
64 Rede an fünf Kühe mit Schmerzensmann
66 Alexandra Gavilano: «Terrafurie und Solastalgie»
68 Philipp Sicher: «Der Bauer ist nicht Fisches Freund»
70 Aus den Lungen die Luft der Hoffnung pumpen
72 Junge Sennen treffen alte Sennen
74 Fragen an Johanna Brandstetter und Christian Reutlinger: Wie können wir das sensible Mobile der Welt balancieren?
78 Anna Miotto: «… dann können wir dem Weltuntergang zusehen»
80 Geneva Moser: «Das Mass und die Benediktsregel»
84 Fragen an Anja Kollmuss: Wie wichtig ist Geld?
90 Der Tod der Ware
92 Klimaspurens Eiche
94 Luca Schmidlin: «Lieber Treibstoffe als Flugzeuge ersetzen»
96 Der Hof der Narren
98 Notstand, Bürgerbefragung, Klimareglement
104 Flugzukunft in Dübendorf
106 Flugzeug Max: «Von nun an hebe ich nicht mehr ab»
108 Im Klimapavillon
110 Hitze mindern
114 Nico Siegrist: «Wir müssen die Klimapolitik besser erzählen»
116 Bei den Financiers der Klimakatastrophe
120 Suzann-Viola Renninger: «Weniger ist weniger – und mehr»
122 Klimaintelligenz im grossen Massstab
124 Boris Previšić: «Wird der Boden zerstört, geht die Kultur unter»
128 Mit Bibergeil am Waldfest
130 Johann Wilhelm Fortunat Coaz: «Nur was nützt, schützt»
132 Wasserelend und Klimanot
140 Wunden lecken, auf die Gletscher-Initiative hoffen
142 Im Zementland
144 Heini Glauser: «Weltweit nehmen die erneuerbaren Energien stark zu, die Atomenergie stagniert»

148 Mirjam Kupferschmid und Rahel Dürmüller: «Baue mit dem, was schon gebaut ist»
154 Rolls-Royce – ein philosophisch-moralisches Capriccio
156 Veronika Röthlisberger: «Die Buchen sterben massenweise ab, besonders die grossen, majestätischen»
158 Langenbruck und sein grüner Hügel
160 Klimaschutz auf dem Holzweg
162 Lisa Hämmerli: «Da fing der Regierungsrat Feuer»
164 In der Pellet-Backstube
166 Josef Jenni, Pionier der ersten Stunde
168 Das Berner Wohngebirge
170 In der Velohauptstadt
172 Rosmarie Wydler-Wälti: «Wir KlimaSeniorinnen wollen in Strassburg Geschichte schreiben»
176 Das CO_2 steckt in der Landschaft
188 Bergsturz und Autoflut
190 Der Motor der Schweiz läuft fossil
198 Von der Hagneck in die Trift
200 Myriam Roth: «Die Gletscher-Initiative gibt vielen Menschen neue Hoffnung»
204 Beim Drachentöter
206 Warme Tage, schwere Sorten, heitere Winzerinnen
210 Sylvain Badan: «Das Elektroauto in der Sackgasse»
212 Die Horizontlinie vor Windturbinen schützen
214 Köbi Gantenbein: Predigt im Wald
218 Hochwasser in Neuenburg
220 Beim Erdöl und Benzin
224 Stéphanie Penher: «Es geht ohne Benzin und Diesel»
226 Klimavernünftig bergwärts
228 Fragen an Lena Gubler und Irmi Seidl: Wie schwächen staatliche Subventionen die Biodiversität?
232 Anders erfolgreich wirtschaften
234 Hansruedi Hitz: «Wir müssen rasch mehr werden und rasch mehr tun!»
238 Schellente und Rallenreiher
240 Fragen an Daniel Rochat: Was hat der Kampf für einen Hügel mit Klimaschutz zu tun?
246 Tania Chassot: «In der Schweiz geht Klimaschutz nur, wenn eine Mehrheit begreift, dass wir unsere Probleme nicht einfach in den Süden auslagern können»
248 Fragen an Melanie Müller und Julie Milani: Gibt die weltweite Klimabewegung Anlass zur Hoffnung?
252 ‹Netto Null› in Lausanne, Genf und Zürich
260 Das Bienenchalet im Architekturzoo
262 Dreizehn Erkenntnisse, dreizehn Postulate und dreizehn Zuversichten
270 Le Jet d'Eau

272 Glossar Klima
278 Route, Veranstaltungen und Lokaltermine
284 Mitwandernde und Mitwirkende
287 Texte, Fotos, Dank
288 Impressum

Klimaspurens Forschungsreise

Klimaspuren – das war eine öffentliche Wanderung von Ilanz nach Genf im Sommer 2021. Die Erzählung dazu ist dieses Bilder- und Lesebuch. Es ist weder Wanderbuch noch Reiseführer; es ist ein Expeditionsbericht zur Klimakrise in der Schweiz, zu den Spuren, die der Klimawandel in die Gesellschaft und Natur drückt, zu den Spielräumen, Befindlichkeiten und Vorhaben von Menschen und Institutionen, die sich auf die Folgen einrichten und sich gegen die Ursachen wehren.

Klimaspuren – das sind Zoe Stadler, Dominik Siegrist und Köbi Gantenbein. Wir haben die Forschungsreise eingefädelt und durchgezogen, unterstützt haben uns in der Romandie Sylvain Badan und Lucie Wiget. Am Wegrand haben wir entlang der 42 Etappen und der 75 Ortstermine inspiziert, notiert und skizziert: Diskussionen mit Aktivistinnen und Gemeindepräsidenten, Erkenntnisse von Forscherinnen und Unternehmern, Sorgen von Bäuerinnen und Fischern. Die Notizen und Erinnerungen – wieder zu Hause angereichert mit Recherchen – haben wir so zu einer Collage aus 80 Berichten, Essays, Interviews, Kommentaren, Statements, Reportagen, Capricci und Predigten gefügt. Hinweise auf wissenschaftlichen Lesestoff, Plattformen, Filme und Kontakte zu den einzelnen Beiträgen haben wir auf klimaspuren.ch zusammengestellt. Und ein Reiseführer dennoch, denn eine Essenz von Klimaspuren ist das Wandern: Am Schluss sind die Strecken und die Ortstermine notiert.

Klimaspuren – das ist eine Momentaufnahme mit Tiefenbohrungen aus dem Sommer 2021. Aber es ist viel los. Wir werden für die zweite Auflage unseres Buches etliche Berichte überarbeiten müssen: Projekte werden verglüht sein, Initiativen werden aufblühen, neue Ideen werden ein weiteres Stücklein hin zu ‹Netto Null› pfaden. Das stimmt zuversichtlich; und es stimmt melancholisch, in welcher Schockstarre massgebende politische Kreise in Bundesbern verharren. Sie sind in Geiselhaft derer, die von der Fossilwirtschaft möglichst lange profitieren wollen. Nicht absehbar ist, wie der Krieg in der Ukraine die Klimapolitik in der Welt, in Europa und in der Schweiz verändern wird – fest steht nur, dass die Erdatmosphäre Grad um Grad wärmer wird.

Klimaspuren – das heisst Postkarten schreiben. Die Berichte in diesem Buch beruhen auf den Bilderbergen der Fotografen Ralph Feiner und Jaromir Kreiliger. Beide wanderten mit. Die Spuren des Klimawandels sind auf ihren Fotografien zu sehen: als grossräumige Installationen und Infrastrukturen, die die Probleme verschärfen, aber auch auf zuversichtlichen Reportagebildern über Menschen, Firmen, Bürgerinitiativen, die den anderen Weg pfaden.

Klimaspuren – das war nicht nur ein klimapolitisches und sportliches, sondern auch ein kulturelles und soziales Ereignis. Mit der Einladung an 700 Wanderinnen und Wanderer, die in grossen und kleinen Gruppen mit dabei waren – und so gesellig Teil des grossen Ganzen geworden sind. Mit den Kapellen ‹Alpenglühen› alias ‹Sonnenglut› alias ‹Johann Wilhelm Fortunat Coaz & Friends› alias ‹Bandella delle Millelire› und mit dem ‹Echo vo hine links›. Mit dem Angebot an die Medien, über das Gehörte, Gesehene und Erlebte zu berichten. Mit den Texten in der eigenen Tageszeitung klimaspuren.ch, in der Zeitschrift ‹Hochparterre›, in der ‹WochenZeitung›, im ‹Prättigauer & Herrschäftler› und mit der kontinuierlichen Kommunikation über Twitter, Instagram & Co.

Klimaspuren – das ist auch der Film von Enrico Fröhlich. Mit Henry-Fonda-Brille auf der Nase und Hollywood-Dächlikappe auf dem Kopf trug er seine Kamera über Stock und Stein. Wie ein Landschaftsmaler suchte er Ausschnitte, dramatisierte, was da ist. Und wieder zu Hause montierte er die tausenden Bilder zu einem dreiviertelstündigen Dokumentarfilm. Auf klimaspuren.ch steht er fürs Heimkino und für Vorführungen im Saal zur Verfügung.

Klimaspuren – das heisst Teil eines langjährigen Widerstandes gegen die Zerstörung der Welt sein. 2022 feiert ein Schlüsselwerk der Klimapolitik seinen fünfzigsten Geburtstag. 1972 gab der Club of Rome sein Buch ‹Grenzen des Wachstums› heraus. Dort steht zu lesen: «Wenn die derzeitige Zunahme der Weltbevölkerung, der Industrialisierung, der Umweltverschmutzung, der Nahrungsmittelproduktion und der Ausbeutung der natürlichen Ressourcen unvermindert anhält, werden die absoluten Grenzen des Wachstums auf der Erde in den nächsten hundert Jahren erreicht.» Seit das Buch erschienen ist, ist nun die Hälfte dieser Zeit um. Passiert aber ist zu wenig. Nötig bleibt, dass wir handeln. Klimaspuren liefert dazu ein Geländer und etwas Zuversicht.

Köbi Gantenbein, Dominik Siegrist, Zoe Stadler

Klimaspuren war über weite Strecken in der Gebrauchsschweiz unterwegs – wie hier, im Ackerbauland zwischen Yverdon und La Sarraz.

Klimaspuren beginnen am 1. Juni um 9 Uhr auf der Plazza Cumin von Ilanz. Gemeindepräsidentin Carmelia Maissen schickt die Wanderinnen auf den Weg. Nach 42 Tagen werden sie in Genf ankommen.

Beginnen

«… und am 12. Juli nachmittags werden wir die Füsse beim Jet d'Eau von Genf in den See tunken.» So tönt es auf der Plazza Cumin in Ilanz. Die Wädli sind noch weich, die Fusssohlen zart, die Vorfreude gross, als Carmelia Maissen, die Gemeindepräsidentin von Ilanz, spricht: «Nun hoffe ich, dass ihr gutes Schuhwerk an den Füssen, genug Käse, Brot und Most im Rucksack und viel Energie in den Beinen habt. So wünsche ich euch ein gutes Klima vom Himmel herab und in der Wandergruppe spannende Spuren.» **GA**

Im ‹Burggarta› von Valendas

Auf einem Geländebalkon in der Surselva liegt Valendas, umgeben von Wiesen und Wald, auslaufend in einen Geländesturz hinunter in die Rheinschlucht. Um die Kirche scharen sich alte Häuser, ein Holzbrunnen ist die Dorfmitte. Man schaut von Valendas auf die andere Talseite hinüber, wo die Ferienhäuser der Weissen Arena über die Landschaft torkeln, und freut sich an der hiesigen Idylle. Vor Jahren hat ein melancholisches Fotobuch das aussterbende Dorf dokumentiert: alte Menschen, verlassene Häuser, geringe Treibhausgaslasten.

Jahre später. Am Rand von Valendas steht der ‹Burggarta›. Sieben Wohnungen schauen auf einen grossen Hof, wo ein paar Bäume wachsen und ein Steinmocken zu einem Brunnen wurde. Auf der anderen Seite des Innenhofs steht ein Haus mit einem Gemeinschaftsraum, mit Ateliers für künstlerisches und anderes Kleingewerbe und einem Unterstand für Autos. Der ‹Burggarta› ist das letzte Kapitel der Renaissance des Dorfes, die der Verein und die Stiftung Valendas Impuls ermöglichen. Sie hat mit dem ‹Gasthaus am Brunnen›, dem ‹Türelihus› für Ferien im Baudenkmal und einem Haus für Ausstellungen im ehemaligen Schulhaus begonnen – alle lagen vor Jahren brach. Heimkehrer haben nun im ‹Burggarta› ebenso Wohnraum gefunden wie pensionierte Zuzügler, keine Zweitwohner.

Gion A. Caminada, der Architekt des ‹Burggarta›, kritisiert den Kult um die Energieeffizienz bis auf die letzte Stelle nach dem Komma: «Das Wettrennen um Zahlen macht die Architektur kaputt. Ich leiste meinen Beitrag zur Klimavernunft mit Geschichte, Grundriss- und Holzkunde.» So nimmt die kleine Siedlung die Logik des Bauernhauses auf: Die Küche strahlt wie ein Specksteinofen. Die Zimmer sind der Küche angelehnt, sie sind kühler. Umringt wird die Wohnung von Kalträumen. Gerne erzählt der Architekt, der im Nachbartal aufgewachsen ist und heute noch dort wohnt, vom Stall, wenn er über diese Räume spricht. Denn Ställe prägen die Dörfer. Im ‹Burggarta› verbindet der Stall das Aussen mit dem Innen. Er ist Abstellkammer, Laube, Zimmer, Wintergarten. Dieses zwecklos Schöne passt nicht recht in die Zwänge des zeitgenössischen Wohnungsbaus, wo jeder Zentimeter ausgenutzt wird. Der Vorteil des Berggebiets – es hat mehr Platz als in der Stadt. GA

Im ‹Burggarta› von Valendas: Der Holzbau, die Energieversorgung mit Holzpellets samt Kritik am blinden Glauben an die Technik machen dieses Haus klimavernünftig. In ihm und um es herum sollen die Bewohnerinnen gerne und gut leben und achtsam sein – zu sich, zum Haus, zum Klima und zur Welt. Klimaspuren waren am 1. Juni auf Hausbesichtigung.

Eva Spehn ist Biologin.
Sie arbeitet beim Forum Biodiversität Schweiz an der
Akademie für Naturwissenschaften.
Sie wanderte mit Klimaspuren am 7. und 8. Juli
von Yverdon nach Lausanne.

Fragen an Eva Spehn: Je wärmer, desto weniger Biodiversität?

Zwei Krisen bedrängen uns: der Klimawandel und der Verlust der Artenvielfalt. Wie hängen sie zusammen?

Eva Spehn: Die zwei Krisen haben identische Gründe: unsere Lebens- und Wirtschaftsweisen, die natürliche Ressourcen übernutzen. Sie verstärken sich gegenseitig und müssen daher gemeinsam angegangen werden. Der Klimawandel ist eine der wichtigsten Ursachen der Biodiversitätskrise und wird wohl zu deren Haupttreiber werden.

Was ist wichtig, um Biodiversität zu stärken?

Eva Spehn: Für die Biodiversität braucht es Fläche. Intakte Ökosysteme müssen erhalten und geschädigte wiederhergestellt werden. Diese Flächen reduzieren auch Auswirkungen des Klimawandels und wirken wie ein Puffer. So helfen Flussrevitalisierungen nicht nur der Auenpflanzen- und Tierwelt, sondern wirken auch gegen Überschwemmungen. Bei

Am Rand von Castrisch liegt der Garten von Berta Schaub und Hans Caprez. Klimaspuren besichtigte dieses Paradies der Biodiversität am 1. Juni.

Feuchtgebieten stärkt Wiedervernässung die Biodiversität, gleichzeitig nimmt der Boden mehr Kohlenstoff auf. Die Massnahmen sollten aber koordiniert werden: Eine Eukalyptus-Monokultur bindet zwar schnell atmosphärischen Kohlenstoff, nützt aber der lokalen Tier- und Pflanzenwelt nichts. Falsch platzierte Windkraftanlagen schaden den Vögeln.

Wissenschaftler sagen, der Zusammenbruch der planetaren Biodiversität sei eine grössere Krise als die globale Erwärmung. Was hältst du davon?

Eva Spehn: Intensive Landnutzung, der Missbrauch der Natur, die Umweltverschmutzung und immer mehr invasive Arten sind neben der globalen Erwärmung die Ursachen für den weltweiten Rückgang von Biodiversität. Die Plattform für Biodiversität der UNO, bei der 136 Staaten mit dabei sind, schätzt, dass eine Million der acht Millionen Arten auf der Erde vom Aussterben bedroht sind. Das betrifft dann natürliche Leistungen der Ökosysteme, beispielsweise die Regulierung von Wasser- und Luftqualität, die Kontrolle von Schädlingen und die Widerstandsfähigkeit der Natur gegen Unwetter. Kurz: Der Rückgang der biologischen Vielfalt ist mindestens so besorgniserregend wie der Klimawandel.

Wie sehen wir in der Schweiz das Zusammenwirken von globaler Erwärmung mit der Biodiversität?

Eva Spehn: Die Schweiz ist aufgrund ihrer vielfältigen Landschaften reich an Biodiversität. Hotspots sind viele montane und alpine Lebensgemeinschaften. Ihre Heterogenität auf kleiner Fläche mit unterschiedlichen Mikroklimata begünstigt ein Refugium für die biologische Vielfalt. Dennoch: Die Schweiz weist einen der höchsten Anteile an bedrohten Arten auf. Und die Erwärmung in den Alpen ist fast doppelt so hoch wie im globalen Durchschnitt.

Welche Massnahmen sind nötig, um zu verhindern, dass die Artenvielfalt zusammenbricht? Wo können wir ansetzen?

Eva Spehn: Die Subventionen, die die Biodiversität schädigen, sind dreissig- bis vierzigmal höher als die für den Naturschutz. Sie besser zu steuern, ist sicher einer der grössten Hebel. Zudem braucht alles Platz: Gebäude, Verkehr, Landwirtschaft, aber auch Flächen für den Klimaschutz und die Biodiversität. Wir müssen die Ansprüche so koordinieren, dass die Natur genügend Raum hat. Und schliesslich: weniger Lebensmittel verschwenden und weniger Tierprodukte essen, denn die Landwirtschaft fordert einen hohen Zoll von der Biodiversität. LW

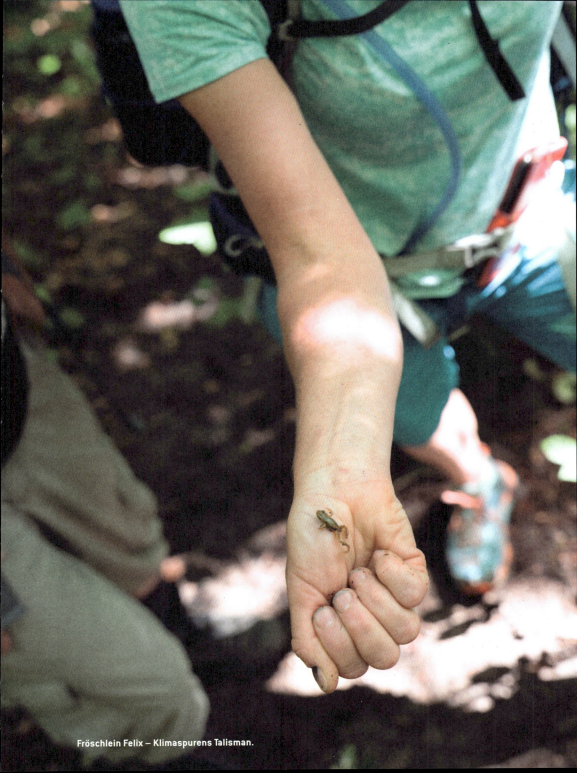
Fröschlein Felix – Klimaspurens Talisman.

Klimaspuren besuchte Laax am 1. Juni und diskutierte (v.l.n.r.) mit Reto Fry und Reto Gurtner von der Weissen Arena Gruppe, mit Christian Baumgartner von der Fachhochschule Graubünden und mit Dominik Siegrist, Klimaspuren, über ‹Netto Null 2030› im Alpentourismus.

Fragen an Reto Gurtner: Ist ‹Netto Null› im Tourismus machbar?

Reto Gurtner, als einer der ersten Tourismusunternehmer hast du als Präsident der Weissen Arena Gruppe in Laax das Ziel ‹Netto Null 2030› angekündigt. Die Weisse Arena Gruppe soll klimaneutral werden. Wie wollt ihr das erreichen?

Reto Gurtner: ‹Netto Null› könnten wir durch Zukauf von CO_2-Zertifikaten schon heute sein. Wir stehen 2030 aber auf ‹Brutto Null›, wenn wir fossile Brenn- und Treibstoffe durch erneuerbare ersetzen. Wir wollen das ohne Zertifikate erreichen. Die Gebäude der Weissen Arena Gruppe funktionieren zunehmend mit erneuerbaren Energien, die Bergbahnen bereits vollständig. In den kommenden Jahren wollen wir den öffentlichen Regionalverkehr umkrempeln. Künftig werden kleine Elektrobusse auf Abruf direkt ab Haus und nach Bedarf zirkulieren. Nicht nur für die Gäste, auch für die Mitarbeiterinnen und Mitarbeiter und für die Bevölkerung in unserer Region.

28 Bahnanlagen, 224 Pistenkilometer, fünf Snowparks, die grösste Halfpipe der Welt, über 1000 Mitarbeitende im Winter, rund 400 Mitarbeitende im Sommer, 32 Restaurants, sechs Unterkünfte, diverse Shops und Freizeitanlagen. Geht ‹Netto Null› für einen solchen Riesentanker überhaupt? Oder müsstest du die Weisse Arena Gruppe nicht zu einem Schiffli umbauen?

Reto Gurtner: Da müsste ich Arbeitsplätze abbauen. Ich will aber mehr wert- und sinnstiftende Arbeitsplätze schaffen. Wir müssen verstehen lernen, wo die eigenen CO_2-Verursacher sind, sei es in der Mobilität am Berg oder im Tal, am Arbeitsplatz und im angebotenen Produkt. Mit permanenter und automatisierter Datenerhebung schaffen wir Transparenz und sehen Wirkungsprioritäten. Es muss uns auch gelingen, Mitarbeitenden, Einheimischen und Gästen Sinn und Nutzen positiv zu vermitteln.

Der grösste Teil der Gäste fährt mit dem Privatauto zur Weissen Arena. Machst du es dir nicht zu einfach, wenn du diese abertausenden Fahrten aus deiner Klimabuchhaltung ausklammerst?

Reto Gurtner: Natürlich lassen sich die negativen Auswirkungen des Individualverkehrs nicht wegdiskutieren. Darum möchten wir die Mobilität ganzheitlich angehen und die verschiedenen Verkehrsträger intelligent miteinander vernetzen.

Wie genau soll das gehen?

Reto Gurtner: Mit besserer Attraktivität, Verfügbarkeit und Kapazität des jeweiligen Verkehrsmittels. Ich will die Zubringerströme vernetzen und die Feinverteilung in der Destination bedarfsgerecht gestalten. Die Strassen und die Siedlungen sind nun einmal gebaut, jetzt geht es darum, sie intelligent zu nutzen. Die Elektromobilität wird in Zukunft den Verbrennungsmotor sowieso ablösen. Die Zahlungsbereitschaft und der öffentliche Nutzen werden die Kosten und die Investitionen definieren.

Kannst du also das Problem der Freizeitmobilität mit technischen und organisatorischen Mitteln allein lösen?

Reto Gurtner: Nein, selbstverständlich nicht allein. Würden wir den Fokus künftig auf Jahresarbeitszeit anstelle der Wochenarbeitszeit legen, wären in vielen Berufen statt einer Fünftagewoche und vier bis fünf Wochen Ferien auch eine Sechstagewoche mit zum Beispiel zwölf Wochen Ferien vorstellbar. Eine längere Aufenthaltszeit würde den Verkehr reduzieren. Dadurch könnte auch der ‹Overtourism› in Stosszeiten gebrochen und auf die Jahreszeiten verteilt werden. Das Rezept lautet ‹flatten the curve›, den Peak brechen.

Also in Zukunft weniger Gäste für die Weisse Arena Gruppe?

Reto Gurtner: Ja, wenn die Gäste ihren Aufenthalt verlängern, brauchen wir weniger Gäste, um das gleiche Resultat zu erwirtschaften. Wir müssen aber übers ganze Jahr Angebote schaffen, die eine Reise wert sind.

Welche Vorstellung hast du für eine klimaverträgliche Zukunft im grossen Ganzen?

Reto Gurtner: Der Alpentourismus könnte heute schon mit Zertifikaten für die CO_2-Kompensation klimaneutral sein. Das ist aber der falsche Ansatz. Der Klimaschutz braucht Lösungen. Dafür sollten wir uns als Gesellschaft engagieren. Wir müssen uns neu orientieren.

Eine grundlegende Reform also?

Reto Gurtner: Ja. Mich haben schon früh die Ideen des Club of Rome geprägt. Hans Christoph Binswanger vermittelte uns diese, als ich in den 1970er-Jahren an der Hochschule St. Gallen studierte. Das hat mein unternehmerisches Wirken geprägt. Meine damalige Freundin und ich nahmen sogar die leeren Mayonnaisetuben mit nach Zürich, um sie dort in die Alusammlung zu werfen, eine solche gab es bei uns damals nicht.

Worin liegt die grösste Herausforderung heute?

Reto Gurtner: In der Kommunikation, in der Art und Weise, wie wir die Leute abholen. Wir dürfen den Menschen keine Angst machen, denn Angst lähmt. Der Mensch hat drei grundlegende Bedürfnisse: Er ist freiheitsliebend, bequem und wünscht persönliches Wachstum. Es ist aber ein-

Die zwei Leben von Laax: das putzige Tourismushäuschen und im Hintergrund das mondäne Rocksresort.

facher, mit den Gästen über das Wetter zu reden als über das Klima. Darum müssen wir gute Geschichten erzählen, wie wir sinnvoll leben und arbeiten und den Klimaschutz hinkriegen können. Die Bildung stärken, Wissen vermitteln und praktische Umsetzung Schritt für Schritt tun.

Du hast dich positiv zu den Klimastreikenden der ‹Fridays for Future› geäussert. Was haben wir dieser Bewegung zu verdanken?

Reto Gurtner: Diese Bewegung hat einigen Menschen die Augen geöffnet. Das hilft dem Klimaschutz. Um in einer Demokratie etwas zu verbessern, braucht es eine kritische Masse, sonst kommen wir nicht zu den politischen Mehrheiten, um Veränderungen einzuleiten. Die Jugendlichen appellieren ja nicht nur an Politik und Wirtschaft, sie sensibilisieren auch ihre Eltern und Grosseltern.

Du hast dich unlängst als ängstlich-mutigen Menschen bezeichnet. Hast du Zuversicht oder Angst vor der Zukunft?

Reto Gurtner: Ich bin kein vorbehaltloser Optimist. Wenn ich die Menschen beobachte, denke ich nicht, dass sie den Ernst der Lage realisiert haben. Dennoch glaube ich, dass wir die Klimaneutralität schaffen können. DS

Der grüne Handel für Graubünden

Am 13. Juni 2021 sagte die Schweizer Stimmbevölkerung Nein zum CO_2-Gesetz. Am Tag danach präsentiert die Regierung des Kantons Graubünden ein ehrgeiziges Vorhaben: den ‹Green Deal für Graubünden›. Er plant 27 Massnahmen in der Energie-, Forst- und Landwirtschaft, im Umgang mit Naturgefahren, für Gebäude, im Verkehr und Tourismus, in der Industrie und im Konsum. In Häusern sollen Heizungen erneuerbar betrieben und die Wärmedämmung verbessert werden. Dazu gibt es Vorschriften und Fördergelder. Im Verkehr steht die Förderung von Bahn, Bus und Elektromobilität an. Im Tourismus ist ein Investitions- und Förderprogramm vorgesehen, damit Bergbahnen und Tourismusorte klimaneutral werden können. Der Aktionsplan kostet 1,8 Milliarden Franken, bis 2050 durchschnittlich 60 Millionen Franken pro Jahr. Um die Rechnung zu bezahlen, richtet der Kanton einen Klimafonds ein – ausserhalb der jährlichen Budgetdebatten.

Lanciert hat den Vorstoss der 33-jährige SP-Grossrat Philipp Wilhelm, heute Landammann von Davos. Mit der kleinen SP-Fraktion stimmte am 20. Oktober 2021 eine grosse Mehrheit des Kantonsparlaments dafür. 2023 wird es über weitere Gesetzesanpassungen debattieren. Ein Minderheitsantrag der SP für ‹Netto Null 2040› hatte allerdings keine Chance. Dennoch: Der ‹Green Deal› der mehrheitlich konservativen Bündner Politikerinnen und Politiker überrascht viele Unterländer.

Die Klimabewegung Graubünden will, dass es der Aktionsplan mit der Abwendung der Klimakatastrophe ernst meint. Agrena Schuler vom Klimastreik Graubünden: «Der Kanton rechnet mit einem Emissionsbudget, das uns gar nicht zusteht. Wenn die Regierung der Ansicht ist, dass das 1,5-Grad-Ziel nicht mehr eingehalten werden kann, sollte sie zumindest versuchen, es nur knapp zu verfehlen.»

Die Klimaforschung gibt dieser Kritik recht. Denn die Schweiz hat ihr CO_2-Budget aufgebraucht. Damit bei einer globalen Erwärmung von deutlich unter zwei Grad die Schäden noch einigermassen kontrollierbar bleiben, ist rasches Handeln dringend. So fortschrittlich der Bündner Klimaplan im Vergleich zu anderen Gebirgskantonen erschei-

Klimaspuren war am 3. Juni zu Gast an der Fachhochschule Graubünden in Chur. Über Tourismus, Mobilität und Klimaschutz diskutierten Mario Cavigelli, Regierungsrat (o.l.), Till Berger, ARE (zugeschaltet auf der Leinwand), und Jürg Schmid, Graubünden Ferien (o.r.), sowie Jon Pult, SP-Nationalrat (u.l.), und Agrena Schuler, Klimastreik (u.r.). Die Diskussion leitete Christian Baumgartner, Fachhochschule Graubünden.

nen mag, Graubünden wird damit ‹Netto Null 2050› nicht erreichen. Ebenso wenig wie der Bund, dessen Klimapolitik derzeit weniger ambitiös ist als die Graubündens.

Ein Problem bleibt den Bündnerinnen und Bündnern: Der ‹Green Deal› verschont ihren wichtigsten Wirtschaftszweig, den Tourismus. Genauer, er geht nicht auf die An- und Rückreise der Touristinnen und Touristen ein. Dieser Verkehr ist aber einer der grossen Klimasünder. Auch wenn er den Schaden zum grössten Teil ausserhalb der Bündner Kantonsgrenzen anrichtet, ist es nicht statthaft, die An- und Heimreise der Gäste mit Auto, Zug und Flugzeug zu verdrängen. Hier geht es um die grossen CO_2-Lasten; hier müssen alle Tourismuskantone zusammen mit dem Bund aktiv werden, um wirksame Klimapolitik zu leisten. DS

Sonnenkraftwerk, Sonnenkindergarten, Sonnenpflicht

Dort, wo der Vorder- und der Hinterrhein zum Alpenrhein zusammenfliessen, liegt Tamins. In einem schwarzen schmalen Haus mit zackigem Dach am Dorfeingang arbeitet Rhiienergie, die Stromfirma von fünf Gemeinden. Sie will die an seine Leitungen angeschlossenen Häuser mehr und mehr mit erneuerbarem Strom versorgen. Zurzeit liegt die Sonnenstromquote bei 18 Prozent, der Rest kommt aus der Wasserkraft anderer Werke, denn Rhiienergie hat fast keine eigenen Turbinen. 18 Prozent aus der Sonne – damit liegt das kleine Energieunternehmen schweizweit mit an der Spitze und baut den Sonnenanteil laufend aus. Einerseits indem Rhiienergie die Hausbesitzerinnen ihres Einzugsgebietes stupft und stützt, Solaranlagen auf und an ihre Häuser zu bauen – und so, von der Montage bis zur Abnahme von Strom, Geschäfte macht. Da sind zahlreiche Einfamilienhäuser darunter, aber auch grosse Dächer wie die eines Kieswerks. Andererseits hat Rhiienergie ein eigenes Sonnenkraftwerk in einen nicht mehr gebrauchten Steinbruch gebaut. Auf einer Fläche so gross wie ein Fussballfeld wandeln 3720 Panels Sonnenstrahlen in 1,6 Gigawattstunden Strom um – etwa das, was 450 Haushalte brauchen. «Wir sind», sagt der Stromkraftwerkdirektor Christian Capaul, «auf dem Weg, die erste ‹Netto-Null›-Region der Schweiz zu werden.» Dafür muss er gut zwanzig Prozent seiner Kunden noch umgewöhnen – sie beziehen immer noch «grauen» Strom, wie er der dreckigen Elektrizität sagt, die mit Atom, Kohle und anderem

Rhiienergie hat den Sitz in einem zackigen schwarzen Haus am Eingang des Dorfes Tamins. Am Haus sind Fotovoltaik-Panels auf dem Dach, in den Fensterscheiben und in die Fassaden eingebaut.

produziert wird. Auch die vielen Ölheizer und Autofamilien von Felsberg bis Rhäzüns drücken das Ziel noch tüchtig nieder – immerhin baut Rhiienergie Ladestationen für Elektroautos auf und will auch mit Wasserstoff, hergestellt aus Sonnenenergie, experimentieren.

Sonnenkindergarten

Noch macht Solarstrom erst wenige Prozent der Stromproduktion in der Schweiz aus. Ändern sollen dies vorab Hausbesitzerinnen – gut 70 000 haben auf ihren Dächern und in ihren Fassaden Solaranlagen eingebaut. Bei den 1,8 Millionen Gebäuden in der Schweiz gibt es für die Solarmonteure noch viel zu tun. Wird das allgemeine Kollektorenbauen ein ortsbildnerisches und architektonisches Desaster werden? Die

Die Dorfhalle von Fläsch trägt auf ihrem Rücken ein langes Dach.
Unter ihm ist der Kindergarten eingerichtet.
Klimaspuren hat hier am 5. Juni sein Picknick verzehrt.
In das grosse Dach mit Ost-West-Ausrichtung sind Solarziegel eingebaut,
die so viel Sonnenlicht einfangen, dass damit Halle,
Schulhaus und teilweise ein kleines Spital mit Strom versorgt werden.

Achtsamkeit für gute Lösungen wächst. So in der Gemeinde Fläsch. Sie brauchte einen neuen Kindergarten. Auch war die Mehrzweckhalle, wo die Kinder turnen, wo die Gemeindeversammlungen und die Dorffeste stattfinden, in die Jahre gekommen. Bearth & Deplazes Architekten haben die Lösung der zwei Probleme geschickt verbunden. Sie liessen das Dach im Hallenrücken gegen den Boden ziehen, um unter dem so entstehenden weiten Vordach den Kindergarten zu versorgen. Diese Idee schaffte Raum, der wenig Land verbraucht, und sie bereichert alte Bausubstanz, sie bricht sie nicht ab. Das erheblich vergrösserte Dach ist nun ein 174 Kilowatt starkes Solarkraftwerk. Es produziert 275 Prozent mehr Strom, als Halle und Kindergarten brauchen. Der Überschuss deckt den Bedarf des Schulhauses nebenan und wird überdies ans kleine Spital in der Nachbarschaft geliefert.

Der Bauer Res Hebeisen (hinterste Reihe, links) hat auf seinem Hof in Jetzikofen (BE) schon ein Sonnenkraftwerk installiert. Er und die Grünen Bern empfingen Klimaspuren am 30. Juni zu Zopf, Butter, Bienenhonig, Emmentaler und politischer Belehrung: Die Sonnenenergie kommt nur voran, wenn auf allen geeigneten Dächern und Fassaden Anlagen eingebaut werden müssen.

Sonnengenossenschaft

Im Fürstentum Liechtenstein existiert schon seit dreissig Jahren eine Genossenschaft, die Sonnenenergie fördert. Zum einen produziert sie Strom in vier Fotovoltaik-Anlagen, die auf Schulhäusern und an Rheinbrücken installiert sind. Zum andern berät die Genossenschaft Hausbesitzerinnen über Technik, aber auch über die Einspeisevergütungen und mehr. Und schliesslich gibt es jedes Jahr einen ‹Tag der Sonne›, an dem über den Stand der nachhaltigen Energie informiert wird. Das gehört zur Lobbyarbeit, die die Genossenschaft auch im Landtag, dem Liechtensteiner Parlament, und in den Gemeinden betreibt. Hartnäckig erhebt sie ihre Stimme zugunsten der nachhaltigen Energien. Und es braucht sie, denn es gibt noch viel zu tun – erst gut sieben Prozent des Stroms in Liechtenstein kommen von der Sonne.

Sonnenpflicht

Freilich loben die Grünen des Kantons Bern das kleine Energieunternehmen und die vorzügliche Gemeindehalle im fernen Graubünden und auch die Solargenossenschaft im Fürstentum Liechtenstein, aber sie zweifeln, ob mit privatem Wollen die riesige Lücke zwischen heute und dem solaren Zeitalter geschlossen werden kann. Sie haben deshalb die ‹Berner Solar-Initiative› eingereicht: Auf die Dächer und an die Fassaden aller Neubauten müssen künftig – wenn sie geeignet sind – Solaranlagen gebaut werden. Werden Häuser renoviert, so müssen auch sie für Sonnenenergie sorgen. Sonnenbauherren sind vorab die Besitzer, sie können ihre Dächer und Fassaden aber auch an Stromfirmen vermieten. Oder sie können Ablass zahlen, wenn sie partout kein Solarkraftwerk am Haus wollen. Die Grünen sind zuversichtlich, dass dreimal mehr Strom, als das stillgelegte AKW Mühleberg produziert hat, aus Solaranlagen herauszuholen ist – genug für alle Bernerinnen und Berner. Denn der Kanton Bern verfüge über noch ungenutzte Dachflächen für 9000 Gigawattstunden Strom jährlich. Diese politische Anstrengung nimmt Mass am deutschen Bundesland Baden-Württemberg, das die Solarpflicht schon beschlossen hat. Sie reiht sich ein in die Bewegungen, die die kantonalen Energiegesetze mit der Sonne verstärken wollen – in 18 Kantonen laufen dazu Demarchen, Anträge und Beschlüsse. Das spurt vor, was Bundesrätin Simonetta Sommaruga der ganzen Schweiz auf Neubauten bescheren will: kein Dach mehr ohne Sonnenkraftwerk. Bei aller Freude über diese Vorschläge ist es aber auch nötig, die volkseigenen Stromkolosse von Axpo über Repower, EWZ bis BKW zu verpflichten, dass sie den Solarstrom anständig bezahlen und durch ihre Leitungen lassen.

Sonnensorge

Nach langen Jahren des Werweissens, Ächzens und Lächelns ist die Sonnenenergie in der Mitte der Gesellschaft angekommen und dreht mit an der Logik des Immermehr. Als Liebkind soll sie rundum ausgebaut werden, bis sie 40 Prozent des Strombedarfs deckt. Sonnenstrom wird rhetorisch parfümiert mit positiv stimmenden Attributen von angemessen über dezentral bis sanft. Doch ihre Installationen bestehen aus heiklen Metallen und Mineralien. Die Wechselrichter und die gerne zu den Anlagen geschalteten Batterien sind verdichteter Sondermüll, fabriziert aus Rohstoffen, die unter schwierigen sozialen und Umwelt-

Klimaspuren fand am 5. Juni im Platzregen Unterkunft im hölzernen Zelt über dem Werkhof von Schaan im Fürstentum Liechtenstein.

bedingungen in Afrika und Lateinamerika abgebaut werden. Wo wird das Lithium aus den Batterien landen, wenn sie ausgebrannt sind? Deshalb gilt: Nicht benötigte Energie ist die beste Energie. Und den Rest decken wir mit der Sonne – die Wärme mit thermischen Solaranlagen, den Strom mit Fotovoltaik.

Doch weit hinten im Gedächtnis rumort eine Erinnerung: Vor sechzig Jahren galt die Atomenergie als Leuchte in die Zukunft, warm applaudiert von der Gesellschaft, Nuklearingenieur war einst ein Traumberuf. Dann wurde eines ums andere ökonomische, technische und umweltliche Problem offenkundig und das Atomkraftwerk zur Höllenmaschine – möge dieses Schicksal dem Sonnenkraftwerk erspart bleiben. GA

Ashki, Klimaspurens Hund, zögert noch, ob er die Parade der Wanderer in der Churer Neustadt abschliessen soll.

Giulia Casale (am Mikrofon) ist Co-Präsidentin der SP Chur. Sie organisierte am 3. Juni zusammen mit Klimastreik Graubünden eine Kundgebung auf dem Alexanderplatz für ein Agglomerationsprogramm, das statt den Auto- den Velo- und Fussverkehr fördert.

Fragen an Regula Ott und Giulia Casale: Chur als ‹Netto-Null›-Stadt – wie soll das gehen?

Regula Ott und Giulia Casale, ihr seid von Anfang an mit dabei in der Klimabewegung Graubünden. Ihr wollt mehr Klimaschutz. Welche Bilder seht ihr, wenn ihr an ein ‹Netto-Null›-Chur denkt?

Regula Ott: Eine Stadt der zehn Gehminuten. Die Menschen finden Läden des täglichen Bedarfs, Freizeitangebote, Jugendräume und Freiräume in allen Quartieren. Aus den Strassen werden Grünflächen, Velowege und Begegnungsorte.

Giulia Casale: Die Stadt ist im Kleinen schön, es gibt kein Streben nach dem Maximum. Wir brauchen nicht immer breitere Strassen, grössere Kinos und geilere Einkaufszentren. Wir besinnen uns und verbessern das Bestehende. Dann haben wir genug Platz für alle.

Regula Ott: Die Quartiere werden wieder durchmischt. Die Raumplanung der letzten Jahre hat alles entflochten – hier die Gewerbezonen, da die Wohngebiete und dort die Sportzone Obere Au. Das machen wir rückgängig. Die Energie ist erneuerbar, mit Fernwärmenetzen und Solarenergie. Und die Bevölkerung beteiligt sich, redet mit und wehrt sich.

Giulia Casale: Es gibt keine Steingärten mehr, der sommerlichen Hitze trotzen wir mit blühenden Gärten und grossen Bäumen. Die Gärtnerinnen wetteifern um den schönsten Garten.

Regula Ott: Der Anbau von Lebensmitteln kehrt in die Stadt zurück. Den Trend, dass die Landwirtschaftsbetriebe der Stadt immer weiter hinausgedrängt werden, kehren wir um. Die Nähe zur Landwirtschaft wird unsere Stärke. Haus- und Quartiergärten erleben ein Revival.

Welche Herausforderungen erwarten eine mittlere Stadt wie Chur im Klimaschutz?

Giulia Casale: Wir haben nur drei Stadträte. Also liegen in den Händen von drei Personen viele Entscheidungen. Fünf Stadträtinnen würden zu mehr Diskussionen und neuen Perspektiven führen. Churs kleiner Regierung fehlt die Entschlossenheit, den Klimaschutz wirksam anzugehen.

Regula Ott: Die Zukunftsbilder und Ideen für eine ‹Netto-Null›-Welt sind noch vage. Wir haben Hemmungen, grüne Ideen zu pushen, obwohl viele Menschen hier ja naturverbunden sind. Immerhin: Teile unserer Altstadt sind Fussgängerzone. Hier würde niemand wieder Autos wollen. Statt dass aber das neue Agglomerationsprogramm genutzt würde, klimaneutrale Verkehrs- und Siedlungsentwicklung zu forcieren, wird unter dem Deckmäntelchen von ein paar Velowegen der Ausbau der Verkehrsinfrastruktur fürs Auto geplant. So kommen wir nicht weiter. Was wir brauchen, ist eine Neuausrichtung der Verkehrsplanung, welche Mobilitätsbedürfnisse und Klimaschutz zum Ausgangspunkt nehmen anstatt das Auto.

Giulia Casale: Gute Mitwirkungsmöglichkeiten fehlen. Im Herbst 2021 prüfte die Verwaltung die Vernehmlassungen zum Stadtentwicklungskonzept. Dieses wurde ohne Beteiligung der Bevölkerung entwickelt, erst im Nachhinein holt man Rückmeldungen ein.

Regula Ott (auf der Bühne) ist Umweltwissenschafterin. Sie rief an der Manifestation des Klimastreiks Graubünden in Chur dazu auf, die geplante Brücke St. Luzi zu verhindern, denn diese wird nur mehr Autoverkehr in die Stadt bringen.

Regula Ott: Zwei Jahre davor hatten wir die Stadt angefragt, wie wir in diesem Planungsprozess mitwirken können. Man hat uns auf die schriftliche Vernehmlassung vertröstet. Wird die Bevölkerung erst am Schluss einbezogen, wenn es um Ja-Nein-Entscheidungen geht, ist das schade. Denn in gemeinsamer Diskussion könnten spannende, zukunftsfähige und breit abgestützte Lösungen entwickelt werden.

Der Tourismus spielt im Kanton Graubünden eine grosse Rolle. Wie können die Tourismusorte klimaverträglich werden?

Giulia Casale: Tourismus, wie wir ihn heute kennen, ist nicht klimaverträglich. Punkt.

Regula Ott: Gewiss, es gibt naturnahe Tourismusangebote. Nur, sobald sie auf Frequenzen ausgelegt und auch noch erfolgreich sind, ist auch das nicht mehr nachhaltig. CO_2-neutral muss der Tourismus werden inklusive der An- und Heimreise der Gäste, die Naturräume respektieren und die Landschaften qualitätsvoll entwickeln.

Giulia Casale: Alles wird zurzeit überall ausgebaut: Rodelbahnen, Biker-Trails, Kletterparks, Skipisten, Seilbrücken, Bergbahnen. Man ist im Sommer überall und im Winter auch. Die halbe Schweiz ist am Samstag und Sonntag unterwegs. Von Chur aus ist man innerhalb von zwanzig Minuten in vielen Tourismusgebieten. Chur ist am Wochenende leer. Dafür gibt es rundherum Stau. Wer klimafreundlich leben will, bleibt zu Hause. Und wir müssen dafür sorgen, dass die Leute das gerne und genussvoll tun.

Welche Klimaszenarien seht ihr?

Regula Ott: Ich erwarte irgendwann einen CO_2-Lockdown. Die Emissionskurve wird nicht schön gleichmässig verlaufen, wie die Klimaszenarien zeigen. Ich vermute, dass die Kurve abrupt abbrechen wird, analog zum Corona-Lockdown. Plötzlich stehen die Flugzeuge am Boden, weil genug Menschen die Dringlichkeit der Klimakrise erkennen. Das wird zu Kollateralschäden führen und zu viel Not. Dann werden heutige Nischenprojekte, alternative Ansätze und gesellschaftliche Labore Keimzellen für neue Lösungen. Und wir werden froh sein um jeden Gemüsegarten in der Stadt.

Giulia Casale: Die abrupt abbrechende Kurve macht mir Angst. Es gilt dann ‹survival of the fittest› oder ‹richest›. ZS

Auto bändigen, St. Luzi-Brücke verhindern

Auf den Schildern steht ‹protega la natira› und ‹Stopp Strassenbau›. Täglich verstopfen in Chur die Autos der Arbeits-, Einkaufs- und Freizeitpendlerinnen die Strassen. Mit mehr Strassen glauben Stadt und Kanton, das Problem lösen zu können. Doch es gilt: Baut man Eisenbahnen, fahren die Leute mehr Zug. Mehr Velowege führen zu mehr Velos. Und eben auch: Wer Strassen sät, erntet Verkehr. Doch der Bündner Strassenfonds ist gut gefüllt, das Geld will ausgegeben werden. Jährlich 167 Millionen Franken. So soll bald die St. Luzi-Brücke in der Silhouette der Kathedrale und der Altstadt einen eleganten, grossen Bogen schlagen, um die Strassen von und nach Arosa und jene der Lenzerheide miteinander zu verbinden und die Autos um die Stadt herumführen. Der Kanton Graubünden und die Stadt Chur versprechen zwar, dass die dank der St. Luzi-Brücke vom Verkehr frei werdenden Strassen neu Velofahrern und Fussgängerinnen zur Verfügung stünden – zumindest bis zur Brücke. Doch die Klimabewegung demonstriert gegen deren Sinnlosigkeit, und der Widerstand, den die Bauherrschaft immer sorgfältig aussen vor gelassen hat, wird lauter. Eine Petition gegen die Strassen- und Brückenplanung ist seit Februar 2021 beim Grossen Rat, dem Kantonsparlament, hängig. Und um den Widersinn strahlen zu lassen, verabschiedete derselbe Grosse Rat neulich einen ‹Green Deal›, mit dem unter anderem der öffentliche Verkehr nach Disentis, Arosa und Thusis mit einem Halbstundentakt verbessert werden soll. Man glaubt so, es allen recht zu machen. Das ist falsch – Klimavernunft und Strassenbau gehen nicht zusammen. Die St. Luzi-Brücke ist ein Symbol einer Verkehrspolitik aus dem letzten Jahrhundert. Wer es mit dem Klimaschutz ernst meint, muss sich gegen dieses Projekt wehren. zs

Klimaspuren demonstrierte am 3. Juni zusammen mit Klimastreik und der Klimabewegung Graubünden an einer bunten Kundgebung auf dem Alexanderplatz von Chur gegen neue Strassen und gegen die St. Luzi-Brücke.

Geschäft und Weltverbesserung

Josias Gasser rudert mit seinen Armen auf und nieder. Er lacht und zieht seine Augen in Fältchen; er will überzeugen – für ein Geschäft oder um ein Stück Welt zu retten; am liebsten das eine mit dem andern verbindend. Geboren in eine Familie des Baugewerbes, mehrte er als Nachgeborener Aufträge und Gewinne mit Blick auf Nachhaltigkeit im Tief- und Hochbau, im Gartenbau, im Handel mit Baumaterialien en gros und en détail, in der Planung und mit einer Firma für Haustechnik. 360 Leute arbeiten in der Gasser Gruppe, deren Leitung die nächste Generation schon übernommen hat. Josias aber wirbelt um alle Ecken, hilft, redet zu, mischt sich ein und macht Nägel mit Köpfen, sieben Geschäfte nebeneinander balancierend.

Bevor der Begriff populär wurde, plante und baute er den Geschäftssitz seiner Firmen als klimavernünftiges Haus in Haldenstein. Mit Solarpanels, eingepackt in Isolation, mit viel Holz, mit einem Garten auf dem Dach – und architektonisch apart: ein Haus als Firmenschild. Und als andere noch zauderten, ob und wie, wagte er zusammen mit Jürg Michel gegen alle Bedenkenträger den Bau eines Windrades, das seit 2013 mit 3 Megawatt Leistung 4,5 Gigawattstunden Strom produziert, genug, um 1500 Haushalte zu versorgen. Josias Gasser weiss wohl, dass in der Schweiz und Graubünden solchen Anlagen wegen des Windpotenzials, der Besiedelungsdichte und des Landschaftsschutzes Grenzen gesetzt sind – und knurrt leise, wenn er eintauchen muss in die vielen Formulare und Gebote. Aber er will zeigen, «dass es trotzdem geht». Er hat eine Reihe junger Firmen eingeladen, mit ihm Wind-

Josias Gasser predigt sein Leben lang über das Unternehmertum im Klimawandel.
Am 4. Juni empfing er Klimaspuren in Haldenstein zu einem Hochamt,
seine Arme hebend, seine Stimme tremolierend.

energie-Erfahrungen zu sammeln. Und weil die Politik den Rahmen für Klimaschutz absteckt, liess er sich zum Gemeinderat von Chur, zum Grossrat in Graubünden und für eine Amtszeit zum Nationalrat wählen, als grünliberaler Gesinnungstäter mit dem leidenschaftlichen Ehrgeiz des einsamen Wolfs. Sein Eigensinn ist dem rotgrünen Lager allerdings verdächtig. Kleinmütig lassen ihn auch seine bürgerlichen Gefährten immer wieder im Regen stehen. Zu unbequem ist ihnen einer der ihren, der zeigt, dass und wie es anders geht, indem er kurzerhand einen Handel mit Elektroautos schon aufgezogen hat, als diese noch als Seifenkisten über Land gefahren sind – heute sitzt auch er im rassigen Tesla, denn bei allem regsamen Tun ist ihm ‹Climate Change› ein Herzensanliegen und ein schönes Geschäft, ‹System Change› aber ist ihm fremd. GA

Architekt Peter Zumthor befasst sich im Abendrot seines grossen baukünstlerischen Werks mit der Klimakrise. Er empfing Klimaspuren am 4. Juni in der Kirche von Haldenstein. Axel Simon von Hochparterre sprach mit ihm über Architektur und Bauen.

Peter Zumthor: «Ich bin dagegen, dass wir alles niederreissen und neu bauen»

«In den Siebzigerjahren des letzten Jahrhunderts ging ich als Schreiner nach New York. Als ich vom Studium der Architektur zurück in die Schweiz kam, war alles politisch. Die Gestaltung kam in Verruf, und man musste sich als Architekt rechtfertigen – ‹Bauen als Umweltzerstörung› hiess das Buch von Rolf Keller. Ein Ausweg, doch noch bauen und gestalten zu können, war für uns das Planen. Mit der Orts- und Regionalplanung meinten wir, die Grundlage zu schaffen, damit alles besser wird. Wir inventarisierten die alten Dörfer und wussten dann, was schön ist. Wir wollten die alten Strukturen nicht nur erhalten, sondern auch von ihnen lernen.

In meinem Leben gibt es, wie bei uns allen, zwei Ebenen. Das eine ist die grosse Ebene, ein kultureller, philosophischer, politischer Prozess, an dem wir alle teilhaben. Den versuche ich zu verstehen und mache mir grosse Sorgen. Zweitens gibt es meine lebensgeschichtliche Ebene, auf der ich arbeite und Dinge mache. Ich lese viel. Und ich versuche, es fürs Bauen zu brauchen. Es ist nicht einfach. Es gibt viele widersprüchliche Informationen. Und manchmal denke ich mir, das greift zu kurz.

Aber es passiert auch Schönes: Für eines meiner Häuser in Haldenstein öffnete man die Baugrube. Und was sah ich? Wunderbaren Flusskies. Wie ein Gedicht. Die Rheinebene war nämlich mal höher, auf Dorfstufe. Das ist meine Liebe zu den Materialien, zum Gelände. Für die Erweiterung der Fondation Beyeler in Riehen mache ich ein Museumsgebäude aus Jurakalk. Er kommt aus den Gruben Liesberg und Delsberg und wird mit Weisszement und Kalk gebunden und dann gestampft. Ich arbeite derzeit an einem Haus am Persischen Golf. Dort reagieren wir auf die lokale Bautradition und das Klima. Wir bauen Windtürme, Innenhöfe, und nirgendwo im lichterfüllten Haus gibt es eine Glasfläche, die von der Sonne berührt wird. Ich habe mich immer schon gefragt: Was kann man vom Ort brauchen? Welche Materialien gibt es da?

Ich bin dagegen, dass wir alles niederreissen und neu bauen. Wir sollten viel mehr alte Dinge behalten. Die Pflästerung vor meinem Haus ist alt und gebraucht. Sie kommt aus einer deutschen Stadt. Da sind schon Generationen drübergelaufen. Das ist faszinierend! Aber – ich baue Wohnungen, in denen man sich wohlfühlt. Ich baue keine begrünten Fassaden, weil diese zu viel kosten und doch nicht ökologisch sind. In Antwerpen baue ich rund 200 Wohnungen mit geschützten Loggien, auf denen Pflanzen wachsen können. Die Klimakrise ist ständig Thema, am Küchentisch bis nachts um eins. Doch viel kann ich als Architekt nicht machen. Ich versuche es so gut wie möglich. Es ist relativ bescheiden. Wie soll ich denn zum Beispiel noch ein Hochhaus bauen? Holzhochhäuser sind voller Stahl und Armierungen, und dann gibt es noch ein paar Holzteile. Da kann man mir nichts vormachen. An einem Hochhaus in Antwerpen würde ich gerne Holzfenster machen, ohne Aluminium. Da muss ich mit der Feuerpolizei reden, damit das geht. Solche Kämpfe fechten wir aus.»

Das Brückenballett von Landquart

Beim Bahnhof von Landquart feiern die Ingenieure ein Hochamt des Tiefbaus. Strassen, Trassen, Pfade, Brücken, Stege, Mauern, Böschungen, Geländer verflechten einen Fluss, die RhB und die SBB, die Autobahn A13, die Kantonsstrasse, Gemeindestrassen, Feldwege, Velopisten, Unterführungen und Pfade für die Fussgängerinnen zu einem Ballett für den mobilen Menschen. Die Aufführung ist machtbewusst und bildstark, wie ein Hochamt eben zu sein hat. An der ehrwürdigen Doppelbrücke der SBB rostet der Stahl in einem prächtigen Farbenspiel von Tiefschwarz über Grau bis hin zu allen möglichen Rottönen – die anderen Brücken sind alle betoniert in unterschiedlicher Schönheit, einige haben elegante Betonbrüstungen, andere sind überdimensionierte Tröge. Selbst von den Steinmocken, die den Wasserlauf im Fluss unter dem Brückenballet bremsen sollen, schimmert der Beton herauf, und die Böschungen sind gut zementiert.

In der Schweiz werden jährlich 40 Millionen Tonnen Beton verbaut. Umgerechnet ergibt das Eisenbahnwaggons in der Gesamtlänge von 14 400 Kilometer oder einen Zug, der 37-mal das Streckennetz der RhB braucht. Und wem das nicht anschaulich genug ist: Es wäre ein Güterzug so lang, dass er von Chur bis nach Papua-Neuguinea reichte. Etwa drei Viertel der weltweiten Bauerei werden betoniert, Holz macht nur

Landquart und sein Hochamt des Betons: Klimaspuren verneigte sich am 4. Juni vor der Wucht und Macht des Stoffes und seiner Ingenieure.
Unten: Heinz Kunz, Weinbauer aus Fläsch mit Hund Lucky, und Sylvain Badan von Klimaspuren.

In der archaischen Fabriklandschaft von Untervaz produziert Holcim seit den 1950er-Jahren in Graubünden Zement. Heute sind es rund 800 000 Tonnen jährlich.

zehn Prozent aus. Es wäre trickreich, das Landquarter Ballett anders als in Beton aufzuführen. Und es wäre teurer, denn Beton ist ausgesprochen günstig. Acht Prozent des CO_2-Ausstosses in der Schweiz aber haben im Beton ihre Quelle.

Zement ist unabdingbar für Beton: Er bindet den Kies. Gewonnen wird Zement aus Kalkstein, Ton und Mergel. Dafür werden diese Rohstoffe bei fast 1500 °C gebrannt. Früher mit der Hitze aus Kohle, heute mit der Energie aus Erdöl und oft auch mit der aus Abfall- und Reststoffen wie Altreifen oder Trockenklärschlamm. Es sind denn auch immer weniger die CO_2-Lasten aus fossilen Brennstoffen, die dazu führen, dass die Zement- und damit die Betonproduktion das Klima derart belastet. Die grosse Last kommt aus der Calzinierung, dem chemischen Prozess, mit dem die Hitze dem Kalkstein den CO_2-Anteil austreibt, damit Zement entsteht.

Mit Simone Stürwald sass Klimaspuren fünf Kilometer von Landquart am Ufer des Rheins und schaute auf das Zementwerk Untervaz, wo jährlich 800 000 Tonnen Zement produziert werden. Die Ingenieurin ist Professorin für Bauingenieurwesen an der Fachhochschule OST in Rapperswil. Sie sprach: «Es gibt Alternativen zum Zement wie Hüttensand, Flugasche und Silikatstaub, die Abfallstoffe aus Stahl- und Kohlekraftwerken, und viele weitere. Sie alle werden erforscht und ausprobiert. Auch können gute Ingenieure die Zementmenge in der Betonrezeptur reduzieren, wenn sie die Gesteinskörnung so optimieren, dass weniger Hohlräume durch Wasser und Zement gefüllt werden müssen.» Beachtlich ist auch der Beton aus abgebrochenen Brücken und Häusern. Er hilft Ressourcen zu schonen, doch ihn herzustellen, erfordert ebenfalls Energie und produziert erheblich CO_2, denn der Beton mit Recyclinggestein braucht mindestens so viel Zement wie der mit normalen Gesteinskörnungen – oft mehr.

Vieles ist möglich, alles ist wünschbar. Doch ‹Netto Null› heisst: Die Gesellschaft muss mit erheblich weniger auskommen. Und weniger heisst nicht mehr Strassen, Häuser und Brücken mit schlauer gemischtem Beton bauen, sondern weniger. Auch ist es sinnvoll, wenn Beton vom Allerwelts- zum Nötigmaterial wird – eine Staumauer hat noch niemand aus Holz gebaut, ein Haus schon. Wer sich dafür entscheidet, muss heute aber immer noch mit rund 15 Prozent höheren Kosten rechnen, als wenn er betonieren lässt. GA

Im Linnholz bei Schellenberg im Fürstentum Liechtenstein.

Unter Klimabauern

Der Plantahof in Landquart ist das Zentrum der Bündner Bäuerinnen und Bauern. Hier wird ausgebildet, wer Vieh halten, Rüebli pflanzen oder Senn werden will. Wenn die jungen Leute hierherkommen, bringen sie bereits Erfahrung vom Feld mit. Sie wissen, der Klimawandel verändert die Alpen und ihre Landwirtschaft. Es braucht andere Pflanzen, andere Anbaumethoden, andere Tiere. Doch die Landwirtschaft ist häufig der Sündenbock. Die Bauern halten Methan-gorpsende Rinder, und sie stossen auf dem Gemüseacker mit dem Traktor CO_2 aus. Und tatsächlich stammen 14 Prozent der inländischen Treibhausgasemissionen aus der Landwirtschaft – CO_2, Methan und Lachgas. Die Verdauung der Nutztiere produziert dabei über die Hälfte der bäuerlichen Klimagase, gefolgt vom Lachgas aus landwirtschaftlichen Böden und dem Gas aus dem Miststock. Dazu kommen die Lasten der immer stärkeren Maschinen mit fossil angetriebenen Motoren. Zusätzlich kann Kohlenstoff in Form von CO_2 aus Böden verloren gehen, so wie heute, oder aber in Böden gebunden werden, was zukünftig sein soll.

    Und nun also: Landwirtschaft mit ‹Netto Null›? Die Bäuerin und der Bauer können nicht einfach ihre Technik austauschen, wie dies in einem Gebäude oder einem Fahrzeug möglich ist. Sie müssen das Zusammenspiel von Tierfütterung, Hofdünger, Humusaufbau, Sortenzüchtung, Art der Landnutzung, Energieproduktion und Energiebedarf neu organisieren. Jahreszeiten, Standort, Wind und Wetter spielen eine Rolle. Gefragt sind möglichst viele gute Nahrungsmittel, und dazu kommen Ansprüche ans Landschaftsbild und an die Biodiversität.

    Eine Gruppe Bündner Bäuerinnen und Bauern hat sich für eine klimavernünftige Landwirtschaft zusammengeschlossen. In ihrem Manifest steht eindringlich: Elementar ist ein belebter und gesunder Boden. Humus besteht zu 50 Prozent aus Kohlenstoff; in einer Handvoll belebten Bodens hat es mehrere Millionen Lebewesen. Und der Boden birgt ein riesiges Klimapotenzial: Wenn die Landwirtschaft weltweit den Humus jährlich um wenige Promille aufbaut, wird die CO_2-Konzentration in der Atmosphäre deutlich reduziert. Die Aufgeweckten wollen auch die Klimagase aus der bäuerlichen Wirtschaft reduzieren und die Widerstandskraft der Bauernfamilien gegen die Folgen des Klimawandels stärken. Die Klimabauern haben auf fünfzig Betrieben Projekte gestartet.

Claudio Müller, Geschäftsführer des Maschinenrings Graubünden und Co-Projektleiter ‹Klimaneutrale Landwirtschaft Graubünden›, präsentierte
Klimaspuren am 4. Juni im Plantahof in Landquart die Klimabäuerinnen und -bauern.

Jedes sucht Wege und Massnahmen, um die Treibhausgase zu reduzieren. In der Tierhaltung wird die Fütterung umgestellt, Ställe werden umgebaut, neue Tierrassen leben dort drin, Gülle wird abgedeckt und aufbereitet. Humusaufbau auf dem Feld, standortangepasste Sorten, klimafreundliche Düngung, Agroforst und Permakultur sind Beiträge aus dem Pflanzenbau. Auf den Dächern wird Sonnenstrom produziert, das Holz aus dem Wald geholt, aus der Gülle entsteht Biogas. Die Fahrzeuge werden auf elektrisch umgestellt, die Gebäude saniert, die Produkte klimafreundlich verpackt und die Zusammenarbeit mit anderen Betrieben verstärkt. Co-Projektleiter Claudio Müller sagt: «Als wir Betriebe suchten, meldeten sich 130, nehmen konnten wir jedoch nur fünfzig. Diese haben ihre Versuche gestartet, bis 2025 sind alle abgeschlossen. Dann sehen wir, was sich einfach umsetzen lässt und was wie wirkt. Dann werden wir die Erkenntnisse auf möglichst vielen Höfen umsetzen.»

Die Mühen der klimabesorgten Bauern brauchen aber Unterstützung. Die eidgenössische Politik muss die Rahmenbedingungen setzen, damit ein klimavernünftiger Betrieb lukrativer ist als ein klimaschädlicher. Dafür sollen gezielt Subventionen eingesetzt – und entzogen werden. Auch die landwirtschaftlichen Schulen müssen den jungen Landwirtinnen beibringen, wie klimavernünftiges Bauern aussieht – und klimaschädliches aus dem Lehrplan streichen. Und Sinn macht die Anstrengung nur, wenn die verarbeitende Industrie, die Grossverteiler, die Gastronomie und wir die klimavernünftig hergestellten Eier, Gemüse, Fleischstücke, Joghurts und Käse nicht nur schön finden, sondern auch kaufen. Das alles wird nicht für ‹Netto Null› zu haben sein, aber kombiniert mit Klimasenken kann die Landwirtschaft aus ihrer stark negativen Bilanz herausfinden.

Die Realität sieht anders aus. Am Tag nach dem Besuch von Klimaspuren im Plantahof geht die Wanderung weiter nach Schaan. Auf dem Weg durch die Bündner Herrschaft hält die Gruppe vor einer gewaltigen Baustelle kurz vor Maienfeld. Hier war einst eine Wiese als Übergang vom Rebberg zu einem Waldsaum. Ein Landwirtschaftsunternehmer baut darauf ein Monument für Pferde, Wein und über 200 Rinder mit Restaurant, Reitplatz, Laden und Stallhäusern und allem Drum und Dran. Hier wird tatkräftig die Landwirtschaft für die nächsten fünfzig Jahre betoniert. Sie hat anderes zum Ziel als die Klimafreundlichkeit. Da tröstet auch die Solaranlage auf dem riesigen Stalldach nicht. zs

Platz mit Aussicht auf einem Bauernhof in der Nähe von Schwarzenbach SG.

Streik im Dorf

Beim Wort Klimastreik denkt man an Städte und grosse Aufläufe von bunten Gruppen Klimabewegter. Doch couragierte Leute finden sich auch in kleinen Dörfern. So in Malans, wo sich Agrena Schuler, Paola Giovanoli, Lieni Wegelin und ihre Freundinnen fürs Klima engagieren. Sie richteten einen Klimapfad ein, auf dem sie über die Folgen des Klimawandels für ihre Gemeinde, aber auch für die Welt informierten. In einem kleinen Ort aktiv zu sein, braucht mehr Mut als in der Stadt. Alle kennen sich, man verschwindet nicht in der Anonymität, die Klimabewegten exponieren sich. Doch das hält Agrena, Ingrid, Lieni, Nic, Nik, Paola, Tiziana und manche andere nicht davon ab, sich zu engagieren. Leute wie sie bringen die Klimapolitik in den dörflichen Alltag – mit politischer Wirkung. Etliche Gemeinden mit engagierten Klimagruppen haben das CO_2-Gesetz am 13. Juni 2021 angenommen. So auch Malans. ZS

Die Klimagruppe Malans hat am 5. Juni in den ‹Siechenstuden› zwischen Malans und Maienfeld mit Klimaspuren Wünsche an die Zukunft zusammengetragen und später im Dorf an einer Station ihres Klimapfades aufgehängt.

Am Rheindamm im Dreiländereck Schweiz-Liechtenstein-Österreich.

Ausserhalb der Bauzone

Der alte Pfad von Altstätten nach Trogen führt sanft über Matten, durch Hohlwege und geht bald in der Falllinie stotzig hinauf. Nach dem Stutz durch den Wald ist der Ebenacker ein lichter Balkon mit weiter Sicht über das St. Galler Rheintal – eine Wiese voller Blumen, eine Wiese mit Baugespann. Rätselraten: Wer baut hier sein Traumhaus? Ein Telefon aufs Bauamt der Gemeinde sagt, hier wird ein riesengrosser Freilaufstall für eine Herde Milchkühe entstehen.

Seit 1969 steht in der Verfassung der Schweiz: «Der Bund legt Grundsätze der Raumplanung fest. Diese obliegt den Kantonen und dient der zweckmässigen und haushälterischen Nutzung des Bodens und der geordneten Besiedlung des Landes.» Vom Klima sprach noch niemand, doch dessen Schutz hat eng mit vernünftiger Besiedelung des Landes zu tun, mit sparsamem Bauen, kurzen Wegen, kluger Verbindung von Bau und Landschaft, wie ihn der Verfassungsartikel wollte: Die Bauzone ist von Nichtbauzone zu unterscheiden.

Das Raumplanungsgesetz gründete zwei Bodenmärkte. In der Nichtbauzone kostete der Quadratmeter Land drei Franken und in der Bauzone 300 Franken. Der Unterschied machte etliche Bauern zu Millionären. Es ging und geht um viel Geld, und deshalb ist kein Gesetz je so durchlöchert worden. Dutzende Ausnahmen haben die National- und Ständeräte seit 1980 ins Raumplanungsgesetz eingefügt von der

Klimaspuren war vom 4. bis 7. Juni im Bündner und St. Galler Rheintal unterwegs und schnitzte bei jeder Baustelle ausserhalb der Bau- und in der Landwirtschaftszone eine Kerbe der Trauer in einen Pfosten. Hier auf dem Ebenacker oberhalb von Altstätten.

Bauen in der Landwirtschaftszone von Malans ...

... und in Jenins.

Auf Klimaspuren

‹vollständigen Zweckänderung von Wohnbauten› über die ‹nichtlandwirtschaftlichen Nebenbetriebe› bis zur ‹Hobby-Tierhaltung›. Gewiss, das Land ausserhalb der Siedlung ist der Produktionsraum der Bauern, die hier ihre Bauten den Veränderungen der Welt anpassen. Aber es ist eindrücklich, wie diese kleine, aber politisch starke Berufs- und Menschengruppe die Landschaft verändert und die Landwirtschaftszone umbaut und wie sie viele Zumutungen des Fortschritts kritiklos und mit oft schweren finanziellen Risiken umsetzt.

Nehmen wir zum Beispiel die Hühner: Zwölf Millionen arme Geschöpfe werden zurzeit in der Schweiz gemästet. Tendenz weiter steigend. Die Bauernbetriebe aber nahmen von 49 000 auf 21 000 ab. Tendenz weiter abnehmend. Die Differenz heisst Massentierhaltung in immer grösseren Ställen, zu denen Pisten für Lastwagen führen, die das aus Südamerika importierte Futter her- und die Hühnchen nach ein paar Wochen zum Metzger wegfahren. Die Hühnerfabriken stehen alle in der Landwirtschaftszone, und ihre Produktion ist von Grund auf klimaschädlich. Und zum zeitgenössischen Hühnerhof kommen die Fischzuchten, denn die Leute lieben Fisch aus der Nähe, und es wachsen die Pferdepensionen, denn das Pferd hat zwar seine Arbeit in der Landwirtschaft verloren, aber das Tier ist samt seiner Klimalast als Prestigeträger und Freizeitvergnügen beliebt. Und es werden Gewächshäuser eins neben das andere gestellt, damit wir im Januar einheimische Tomaten auf dem Teller haben.

Wirkungsvolle Raumplanung wäre einfach: Gebaut, verdichtet, gesiedelt und gewirtschaftet wird in der Bauzone. Diesen Grundsatz wollen die Umweltverbände mit der Initiative ‹Verbauung von Natur und Kulturland stoppen› stärken. Denn es reicht nicht hin, wenn der Konsument mit dem Portemonnaie abstimmt, er muss mit dem Stimmzettel auch die Gegebenheiten neu bestimmen: In der Landwirtschaftszone muss weniger gebaut werden! **GA**

Die ehemalige Schollenmühle im Flachmoor Bannriet-Spitzmäder bei Altstätten.

Im Flachmoor

Verloren stehen die windschiefen Bretterhäuser der ehemaligen Schollenmühle in der Weite des St. Galler Rheintals. Auf dem Dachfirst wacht ein Storch über sein Nest. Im Moor sieht er einen Frosch, den er in ein paar Sekunden fressen wird. Vor mehr als hundert Jahren begann in dieser Landschaft der Torfabbau, erst 1998 wurde er eingestellt. In mühsamer Handarbeit stachen die Bauern die Torfziegel, um sie als Brennstoff zu nutzen. Später hat man den Torf als Mull und für Spezialerden verwendet. Heute ist die Landschaft Bannriet-Spitzmäder ein Flachmoor von nationaler Bedeutung und als eines der letzten seiner Art geschützt.

In der Schweiz sind die Moore in den letzten hundert Jahren auf wenige Prozent ihrer ursprünglichen Fläche geschrumpft. So wurde im Rheintal das ehemalige Eisenried, eine Fläche von mehreren tausend Hektaren, seit dem Zweiten Weltkrieg grossflächig entwässert. 1987 hat die Schweiz die Rothenturm-Initiative angenommen, seither stehen die verbleibenden Moorflächen unter Schutz. Dennoch verschlechtert sich der Zustand der meisten Moore wegen der Schäden aus der Zeit vor 1987 und der unzureichenden oder fehlenden Pufferzonen.

Der Verein Pro Riet Rheintal hat das Flachmoor Bannriet-Spitzmäder revitalisiert und in der ehemaligen Schollenmühle ein Besucherzentrum eingerichtet. Die Schilfgürtel und Riedwiesen leuchten in allen Grüntönen, der Himmel spiegelt sich in den Wassertümpeln. Doch dieses Feuchtgebiet ist nicht nur schön, es übernimmt auch wichtige Aufgaben für die Biodiversität – es bietet Lebensräume für bedrohte Tier-

Das Flachmoor Bannriet-Spitzmäder. Klimaspuren besuchte das Naturschutzzentrum in der ehemaligen Schollenmühle am 9. Juni.

und Pflanzenarten wie den Kammmolch, den Mittleren Sonnentau und die Sumpfgladiole. Unsichtbar ist eine weitere Aufgabe im Boden versteckt. Denn als bedeutende CO_2-Speicher helfen Moore mit, das Klima zu schützen. Weltweit ist ein Fünftel des organisch gebundenen Kohlenstoffs als Torf in Moorböden gelagert, obwohl Moore nur drei Prozent der Landoberfläche ausmachen. Das ist doppelt so viel Kohlenstoff, wie die gesamte Biomasse der Wälder der Welt ausmacht. Entwässerte und landwirtschaftlich genutzte Moorböden sind zudem eine der grossen Quellen für Treibhausgase. Neben dem CO_2 wird das viel schädlichere Methan mit der Verwesung der Pflanzenreste frei.

Der Torfboden im Bannriet-Spitzmäder ist mehrere Meter mächtig. Dass er so viel Kohlenstoff speichern kann, hängt mit seiner Entstehung zusammen. Er bildete sich vor mehr als zehntausend Jahren nach der letzten Eiszeit. Bei hohem Grundwasserspiegel auf einer wasserundurchlässigen Schicht war der Boden ständig nass. Dies und der Sauerstoffmangel bewirkten, dass die abgestorbene Vegetation nicht verrotten konnte. Das Torfmoos wuchs in die Höhe, die Pflanzenresten blieben eingelagert. Es dauert bei mittleren Verhältnissen ein Jahr, damit der Torf einen Millimeter wächst– tausend Jahre für einen Meter Torf. DS

Blick aus der Schollenmühle ins Bannriet.

Rede an fünf Kühe mit Schmerzensmann

«Chum, chum, chum; sä, sä, sä. Schön, ihr fünf Kühe, wie ihr hier liegt, Blumen und Kräuter selig wiederkäuend dem Schmerzensmann zu Füssen.» Ein Bild wie aus dem Prospekt des Bauernverbandes ‹Schweizer Bauern. Von hier. Von Herzen›. Weit weg die Tierfabrik mit 30 000 Hühnern, weit fort der Traktor mit dem Pestizidfass und nirgendwo die 10 000-Liter-Turbokuh. Doch wisst ihr, dass auch ihr Klimasünderinnen seid? Euer Hufabdruck beträgt zwar nur achtzig Quadratzentimeter, eine munzige Fläche für 500 Kilo Gewicht. Gross aber ist euer Klimaabdruck. Damit ihr flott Milch gebt, reicht das Gras vom Heimetli oft nicht. 4,5 Millionen Tonnen Futtermittel importiert die Schweiz jedes Jahr – das ist ein Eisenbahnzug voll, von der Schweiz bis nach Afrika. Gewiss, ein grosser Teil ist für andere Tiere, aber auch euresgleichen gibt der Bauer importiertes Kraftfutter aus Brasilien oder Russland. Je biologisch vernünftiger er bauert, umso weniger. Doch auch ohne Futter aus der Fremde gilt: Eure vier Mägen verdauen so, dass ihr mit Gorpsen, Furzen, Brunzen und Scheissen überaus viel Methan, Stickstoff und Lachgas produziert. Unter dem Strich fabriziert ihr 1,5 Millionen Schweizer Rindviecher gut 4,5 Millionen Tonnen Klimagas. Ich rechne euch das nicht weiter vor, denn ihr gehört – wie das Rote Kreuz, die SBB und das Matterhorn – zum Heimatbild. Ihr seid fast so heilig wie eure Verwandten in Indien. Man gäbe es euch gar nicht, dass ihr als Klimasünderinnen dem Auto und dem Flugzeug nicht nachsteht. Gut, liegt ihr unter dem Schmerzensmann, denn er spricht zu euch: «Ego te absolvo a peccatis tuis in nomine Patris et Filii et Spiritus sancti. Amen.» **GA**

Mittagsidylle auf dem Ebenacker – wo eine blumenbekränzte Tafel den Schmerzensmann bittet: «Herr, segne unser Rheintal». Klimaspuren störte die Ruhe der Kühe am 8. Juni mit einem Picknick und einer Rede.

Alexandra Gavilano berichtet von Erd-Emotionen. Sie arbeitet bei Greenpeace Schweiz und ist in Klimabewegungen wie Fossil-Free und Extinction Rebellion aktiv. Für Klimaspuren organisierte sie eine Diskussion über Pestizide, Landwirtschaft, Fische und Menschen am 8. Juni in der Kirche Trogen.

Alexandra Gavilano: «Terrafurie und Solastalgie»

«Bilder von verschmutzten Meeren, schmelzenden Eisbergen und überfluteten Dörfern gehen an uns nicht spurlos vorbei. Ob Wut, Trauer, Angst, Hoffnungslosigkeit oder Schuld: Die ausgelösten Gefühle begreifen heisst sie benennen. Und es hilft, die Menschen dort abzuholen, wo sie steckengeblieben sind. Mit Erd-Emotionen. Zu ihnen gehört die ‹ökologische Trauer›. Sie entsteht bei erlebten oder erwarteten ökologischen Veränderungen wie dem Verlust von Arten, Ökosystemen und Landschaften. Die ‹Solastalgie› ist der Schmerz, der durch die Unfähigkeit verursacht wird, aus der Umgebung Trost zu schöpfen. Die ‹Terrafurie› ist die Wut über die eigene Ohnmacht gegenüber den selbstzerstörerischen Tendenzen in unserer Gesellschaft. Die ‹Ökolähmung›, die Angst vor Umweltkatastrophen und Klimawandel, erscheint als Apathie, Selbstgefälligkeit oder Distanzierung und plagt gerne Klimaleugner. Und schliesslich ist da die ‹Globale Furcht›, auch Klimaangst genannt. Sie hat, wer morgens aufwacht und Angst vor dem ökologischen Zustand der Welt empfindet.»

Drei Klimaspurer sprechen beim Bier im Zürcher Oberland über die Verbesserung der Welt und schauen dem Bauern zu, der sie mit dem Traktor tatkräftig verändert.

Philipp Sicher aus Altdorf ist Ingenieur-Agronom. Er war viele Jahre Geschäftsleiter des Schweizerischen Fischerei-Verbandes und diskutierte am 8. Juni am Klimaspuren-Podium in Trogen.

Philipp Sicher:
«Der Bauer ist nicht Fisches Freund»

«Der Klimawandel sorgt dafür, dass die Gewässer wärmer werden – ein Todesurteil für viele Fischarten. Denn je wärmer das Wasser, desto tiefer ist sein Sauerstoffgehalt. Die Forelle oder die Äsche, die als Raubfische relativ viel Sauerstoff brauchen, sind auf kühle Gewässer angewiesen. Der Hitzesommer 2018 war ein Vorbote: Tausende von Fischen dieser zwei Arten starben im Rhein. Der Äschenbestand des Rheins wurde zu neunzig Prozent dezimiert. Zu den Gewinnern des Klimawandels gehören die wärmeliebenden Arten, Seefische wie der Barsch oder der Karpfen, aber auch invasive Fische wie der Wels. Sie haben alle einen wesentlich tieferen Sauerstoffbedarf. Mit tiefen Kolken, sanierten Kaltwasserzuflüssen und kontrollierter Strömung können wir Lebensräume verbessern. Wichtig ist auch, dass die Flüsse mit Bäumen, Sträuchern und Schilf beschattet werden. Die Auswirkungen des Klimawandels haben für uns Fischer hohe Priorität. Nicht vergessen wollen wir aber, dass auch die Wasserkraft die Lebensräume der Fische bedroht, mit fehlendem Restwasser, plötzlichem Schwall und Sunk und mit Behinderungen der Fischwanderungen. Ausserdem setzen den Fischen die Pestizide und Gewässerverschmutzung stark zu. Wir haben im Juni 2021 die Trinkwasserinitiative verloren – die Gewässerzerstörung und der Fischtod gehen also weiter. Wir haben gelernt: Die Bauern sind nicht Fisches Freund. Sie werden sich aber bewegen müssen. Denn 75 Prozent der heimischen Fisch- und Krebsarten sind gefährdet oder bereits ausgestorben.»

Fischtreppe beim Kraftwerk Hagneck am Bielersee.

Aus den Lungen die Luft der Hoffnung pumpen

Wie finden wir uns in der Klimakrise und den undurchsichtigen Verflechtungen der Welt zurecht? Entmutigung ist nie fern, die scheinbare Ratlosigkeit verdirbt alle Hoffnung. Die vier Musikerinnen und sechs Musikanten von Klimaspurens Orchester wenden das Blatt; sie pumpen ihre Lungen mit Hoffnung und öffnen positive Schwingungen in unseren Sinnen. Einmal spielten sie auf als ‹Orchester Alpenglühen›, dann als ‹Kapelle Sonnenglut› oder als ‹Försterkapelle›. Ihre Musik hat alles, was die Klimabewegung braucht. Einen gemeinsamen Rahmen. In ihm gibt die Pauke von Alice und Hepls Trommel allen das gleiche Mass. Der Bass von Roland ist das Fundament und legt das Geländer, entlang dem jeder und jede musizieren kann. Werners Saxofon, Muschtis Flügelhorn, Bettinas und Köbis Klarinetten, Ritas Violine und das Akkordeon von Lilly verleihen der Partitur die persönlichen und einzigartigen Noten. Sie lassen das Ensemble leben und wachsen. Die wissenden Blicke der Musikanten zeugen von einer perfekten Verständigung untereinander, die mit einem amüsierten Lächeln die leichte Abweichung oder den falschen Ton des einen oder der anderen toleriert. Dann wird Musik aller leiser: Die Musikerinnen geben jedem einen Platz, um sich auszudrücken. Dann fangen sie von vorne an und blasen ihre Emotionen hoch und stark in die Luft. Eingebettet in Musik klatscht das Publikum in die Hände, schlägt den Takt, singt: Wir sind verbunden. Die Kapelle hört auf, aber ihre Musik klingt in den Ohren nach. Sie ermuntert, wenn die Hoffnung verloren geht. Das wusste schon Plato: «Musik schenkt unseren Herzen eine Seele und unseren Gedanken Flügel.» SB

Klimaspurens Orchester pumpte am 6. Juni als ‹Kapelle Sonnenglut› in Schaan, am 10. Juni als ‹Kapelle Alpenglühn› in St. Gallen (Foto) und am 19. Juni als ‹Försterkapelle› in Wettingen mit vollen Lungen die Luft der Hoffnung in die Welt.

Hin zu ‹Netto Null› beginnt auch in einer grossen Bau- und Immobilienfirma im Kopf. Senn hat für ein Treffen mit Klimaspuren am 10. Juni eingeladen. Fabiano Perrino, Anna und Leonie Senn dachten über die Zukunft von Stadt und Firma nach.

Junge Sennen treffen alte Sennen

Vor Basel baut die Firma Senn aus St. Gallen mit den Architekten Herzog & deMeuron ein Ensemble für Forschung, Ausbildung und Entwicklung. In Aufbau und Betrieb wird es klimaneutral sein. In Zürich überbaut sie zusammen mit andern die Industriebrache Kochareal zu einem Stück Stadt der 2000-Watt-Gesellschaft. Senn ist eine Entwicklungsfirma, also ein Denk- und Handelsplatz, wo Bauleute, Ökonomen und Immobilienfachfrauen schauen, was aus Grundstücken werden könnte. Sie besorgen die Konzeption, suchen Investoren, planen zusammen mit Architektinnen und realisieren die Pläne über die eigene Totalunternehmung mit Baumeistern, Schreinerinnen und so weiter. Senn gibt es seit 1965; heute arbeiten hier gut drei Dutzend Leute, die Bauten konzipieren und finanzieren, an denen ein Vielfaches an Leuten beschäftigt sind.

Vor zwei Jahren begann der Firmenleiter Johannes Senn, seine Firma zu transformieren. Zusammen mit seinen Leuten und mit auswärtigen Wissenden ist er unterwegs auf dem Weg hin zu ‹Netto Null›. Denkausflüge zum Beispiel zusammen mit Samuel Perret, der den Beruf eines ‹Head of Sustainable Innovation Strategies› bei Milani Design hat, begleiten die Bauvorhaben. Zum Beispiel mit einem Workshop: Da präsentierten die jungen Leonie Senn, Anna Senn, Fabiano Perrino und Nico Stacher Klimaspuren ihr Bild von St. Gallen im Jahr 2050:

«*St. Gallen im Jahr 2050.*
Wir waren vor kurzem dort und waren begeistert.
In der Mittagspause gehen wir vors Haus. Um uns herum stehen Bäume, ein kleiner Wald. Dahinter eine Wiese und Menschen. Sie sind fröhlich. Du befindest dich mitten in der Stadt. Doch es ist schwer, einen Übergang zwischen Gebäuden und Grünfläche auszumachen. Beides fliesst harmonisch ineinander. Fassaden und Dächer sind begrünt. Die Architektur wirkt divers, verspielt und doch ruhig. Natur und Baustil sind im Einklang.
Auf einem Schild erfährst du, dass alle Gebäude aus nachwachsenden und klimafreundlichen Rohstoffen gebaut sind, und alle Gebäude können jederzeit umgebaut und ohne Wertverlust rückgebaut werden. Die Stadt produziert keinen unnötigen Abfall und schont die Ressourcen. Die produzierte Energie ist zu hundert Prozent erneuerbar. In den Quartieren gibt es Wohnprojekte, Kochaktionen, Konzerte, Bastelräume, Workshops für alle, Sportangebote, Kinderbetreuung und vieles mehr. Und es gibt Gebäude, die wie ein von den Bewohnern gemeinsam betriebenes und bewohntes Hotel funktionieren. Wie sich das Quartier weiterentwickeln soll, wird von allen Anwohnerinnen und Anwohnern gemeinsam beschlossen.
Alles, was man zum Leben braucht, ist im Quartier zu finden, und seit langem verkauft jeder Laden nur noch biologische Lebensmittel. Dafür gibt es Partnerschaften mit Bauernhöfen im Umland.
Es gibt grosse Co-Workingflächen. Leben, Wohnen und Arbeiten haben sich vermischt, denn Flexibilität und Austausch mit anderen bringen viele Vorteile. Die Bewohnerinnen und Bewohner haben die eigenen Fähigkeiten wiederentdeckt: Wenn ich zum Beispiel einen Stuhl reparieren möchte, kann ich ihn entweder zum Spezialisten bringen oder mir erklären lassen, wie ich ihn selbst repariere. Auch in Freizeiteinrichtungen wie Fitness- und Kulturzentren läuft das so: Alle können etwas anbieten, und alle können etwas annehmen.
Von A nach B gehen alle zu Fuss, nehmen das Fahrrad oder ein ‹Auxi› oder den ‹Hyperloop›, der alle Schweizer Städte verbindet. – Ein ‹Auxi›? Das ist ein autonom fahrendes Taxi. Es fährt – wie der Hyperloop – unterirdisch. Private Autos gibt es keine mehr. Privatbesitz ist sowieso nicht mehr so wichtig. Teilen und gemeinsam nutzen ist viel beliebter als selber besitzen.» **Bearbeitet nach dem Original von Leonie Senn, Anna Senn, Fabiano Perrino, Nico Stacher**

Fragen an Johanna Brandstetter und Christian Reutlinger: Wie können wir das sensible Mobile der Welt balancieren?

Johanna Brandstetter und Christian Reutlinger, ihr forscht und lehrt am Institut für Soziale Arbeit und Räume der Fachhochschule OST. Tendieren wir dazu, die sozialen Fragen in der Klimakrise zu verdrängen?

Johanna Brandstetter: Ja, die Klimakrise ist ein gesellschaftliches Problem. Wir, die kleine Minderheit in den reichen Ländern, sind es, die mit unserem Lebensstil die drohende Klimakatastrophe auf Kosten der grossen Mehrheit der Weltbevölkerung verursachen.

Christian Reutlinger: Wir tun immer so, als ob es beim Klimaproblem nur um die Natur ginge. Dabei müssen wir doch soziale Antworten auf die Frage finden, wie wir Menschen in Zukunft auf diesem Planeten zusammenleben wollen. In der Familie, der Nachbarschaft, in der Gemeinde, im Kanton, im ganzen Land.

Wie können wir das Klima schützen, ohne die sozialen Gräben zu vergrössern?

Christian Reutlinger: Neue Technologien und Innovationen für den Klimaschutz haben ihren Preis. Etwa beim Wohnen: Wenn wir Klimaschutz wollen, sollten wir dafür sorgen, dass sich auch in Zukunft jede und jeder eine gute Wohnung leisten kann. Oder im Verkehr: Es gibt Leute, die eine Verteuerung der Mobilität massiv bedrängt, hier braucht es eine finanzielle Entschädigung. Es wird entscheidend sein, dass der ‹richtige Weg› nicht ein paar Gewinner und viele Verliererinnen kennt. Mit Blick auf die Welt heisst das, dass Europa Klimaschutz im globalen Süden in ganz anderem Mass bezahlen muss als heute. Für die Schweiz bedeutet es, dass Gewinne anders verteilt und beispielsweise für den Ausbau des öffentlichen Verkehrs und den Umbau der Häuser in klimaneutralen Betrieb einzusetzen sind.

Christian Reutlinger und Johanna Brandstetter vom Institut für Soziale Arbeit und Räume der Fachhochschule OST empfingen Klimaspuren am 10. Juni in St. Gallen zur Denkwerkstatt ‹Das Klima braucht sozialen Wandel›.

Johanna Brandstetter: Das gescheiterte CO_2-Gesetz wollte diesen sozialen Ausgleich. Der grosse Teil der Bevölkerung hätte finanziell profitiert. Nur jene zehn Prozent, die viel fliegen, teure Autos fahren oder in grossen Häusern wohnen, hätten mehr bezahlt für die ökologischen Schäden ihres Lebenswandels. Der nächste Anlauf für ein CO_2-Gesetz sollte diesen Kompass nicht verlieren. Wir haben ja in Frankreich eindrücklich erlebt, wie die an den Rand gedrückten Menschen ‹Gilets jaunes› angezogen haben, als man Reformen auf ihre Kosten durchzusetzen versuchte.
Christian Reutlinger: Solche Zusammenhänge konnte die Politik der Bevölkerung nicht vermitteln. Uns fehlen Erzählungen, wie alternative Entwicklungen für unsere Gesellschaft aussehen können. Eine Erzählung, die jede und jeder versteht, ist die Geschichte vom guten, glücklichen Leben. Ein Dasein ohne Arbeitsstress, mit viel Freizeit. Und ohne den Zwang zu immer mehr Konsum und Luxus.

Johanna Brandstetter: Aus den Neurowissenschaften wissen wir, dass Forderungen nach Verzicht bei vielen Menschen nicht gut ankommen. Wie finden wir Mittel und Wege, das Verzichten so zu erklären, dass es in der Bevölkerung Anklang findet? Wichtig wird sein, dass es uns gelingt zu zeigen, was der Klimaschutz dem einzelnen Menschen bringt. Zum Beispiel, was er oder sie davon hat, wenn es in den Wohnquartieren dank weniger Autos mehr Ruhe und bessere Luft gibt. Und entscheidend wird sein, Verzicht sozial gerecht umzusetzen. Viele Menschen im reichen Teil der Welt leben auf viel grösserem Fuss als die meisten Menschen im globalen Süden – sie müssen einen erheblich grösseren Teil vom Klimaschutz leisten, und sie sind dazu in der Lage, weil sie existenziell auf viel mehr verzichten können. Und auch in der Schweiz ist die Klimalast unterschiedlich verteilt. Ein Haushalt an der Zürcher Goldküste mit einer Luxuslimousine für den Vater, einem Offroader für die Mutter und einem Cabriolet für die Tochter hat einen ganz anderen Spielraum für Verzicht als eine Familie, die im Berggebiet lebt und ein Auto braucht, weil das Postauto nur dreimal am Tag fährt.

Für den Klimaschutz werden vermehrt technische Lösungen vorgeschlagen, ist das ein Ausweg?

Johanna Brandstetter: Es wird nicht funktionieren, wenn einfach einzelne, klimaschonende Technologien wie zum Beispiel der Wasserstoff gefördert werden. Sie lösen weder die sozialen noch die wirtschaftlichen Fragen, die mit der Klimakrise verbunden sind. Es gibt Politikerinnen und Politiker, die auf diese technischen Heilmittel fixiert sind und uns vorgaukeln, dass diese die Lösung seien. Sie wollen nicht begreifen, dass unsere Welt wie ein sensibles Mobile funktioniert, das ausbalanciert werden muss.

Wie geht dieses Ausbalancieren?

Johanna Brandstetter: Den einzigen, richtigen Weg gibt es nicht. Statt nach dem richtigen Weg zu fragen, sollten wir beginnen, unterschiedliche Wege zu verhandeln. So kommen verschiedene Entwicklungsgeschichten und Perspektiven zum Tragen. Ein gutes Beispiel dafür war die Erarbeitung der Nachhaltigkeitsziele der UNO. Da flossen neben den Regierungsmeinungen Wissen aus langen Traditionen ein, die Perspektiven von Kindern und Jugendlichen, die Erfahrungen von Kollektiven und die Meinungen von Nichtregierungsorganisationen. DS

Klimaspurens Jüngling unterwegs durch die Vororte:
Wohnüberbauung im Westen der Stadt St. Gallen.

Anna Miotto:
«... dann können wir dem Weltuntergang zusehen»

«Als Greta Thunberg zu streiken begonnen hat, war ich Kantischülerin in Wil und bei den JUSO aktiv. Im Dezember 2018 habe ich den ersten Klimastreik in St. Gallen mitorganisiert und engagiere mich seither in der Bewegung. Inzwischen habe ich die Kanti abgeschlossen und studiere Maschinenbau an der ETH. Ein prägender Moment für mich war, als Anfang 2019 in Wil der Klimanotstand ausgerufen wurde. Es ist aber an jeder Klimastreik-Kundgebung prägend, mit hunderten Aktivistinnen zusammen lauthals Parolen zu schreien.

Als Klimaspuren am Ende des langen Wandertages in Uzwil vorbeikam, warteten wir beim Bahnhof mit Stoff und Stift. Alle durften die Stoffstreifen mit ihren Wünschen und Forderungen beschreiben. Die an einer Schnur angeknüpften Stoffbänder hingen dann über längere Zeit beim Bahnhof Uzwil. Mit dieser einfachen Aktion wollten wir Klimaspuren niederschwellig in neue Aktionsformen einführen.

Leider haben immer noch zu wenige Menschen begriffen, wie ernst die Lage wirklich ist. Entweder wollen oder können sie nicht handeln. Dabei wäre es so wichtig, dass sich mehr Menschen gegen die Klimakrise einsetzen. Aber wir müssen weitermachen. Denn nur so können wir den politischen Druck aufrecht erhalten. Wenn wir aufgeben, können wir uns gleich zurücklehnen und dem Weltuntergang zusehen. Kommt zum nächsten Klimastreik und beginnt euch gegen die Klimakrise zu engagieren!»

Anna Miotto, Klimaaktivisten aus St. Gallen (o.l.), bemalt am 11. Juni in Uzwil gemeinsam mit Klimaspuren Stoffbahnen.

Geneva Moser: «Das Mass und die Benediktsregel»

Geneva Moser ist Co-Redaktionsleiterin der Zeitschrift ‹Neue Wege›. Sie hat am 12. Juni zusammen mit dem Prior Pater Gregor (r.), der Theologin Jeanine Kosch und Matthias Dörnenburg von Fastenaktion Klimaspuren im Benediktinerkloster Fischingen zu einem Gespräch über Klimagerechtigkeit empfangen.

«Klimaspuren war unterwegs, als der Weltklimarat den neuen Bericht der UNO zum Klimawandel veröffentlichte: Die negativen Auswirkungen unserer Lebensweise sind für Jahrhunderte unumkehrbar. Diese Katastrophe spüren in erster Linie Menschen in Ländern des globalen Südens – Bauern und Bäuerinnen in Kolumbien geht das Wasser aus, mit der Abholzung des Regenwaldes wird Menschen die Lebensgrundlage geraubt, ein Taifun treibt Küstenbewohner und -bewohnerinnen auf den Philippinen in die Slums.

Die Art, wie wir im globalen Norden wohnen, reisen, essen, uns bewegen, arbeiten und politisch entscheiden, geht auf Kosten anderer. Es braucht den grossen Ruck, den Systemwandel. Auch ich bin aufgerufen, diesen Wandel zu fordern, zu fördern und zu gestalten. Mir gibt die Benediktsregel aus dem 6. Jahrhundert Impulse. Sie gestaltet den Alltag einer Klostergemeinschaft, vermittelt aber auch Menschen, die nicht in klösterlicher Gemeinschaft leben, wichtige Werte.

Benediktinisches Leben orientiert sich stark am Jahreslauf und an der Sonne. Die Texte der täglichen drei bis sieben Gebetszeiten sprechen von Morgentau, Mittagshitze, Abendrot, Nachtdunkelheit. Das Kirchenjahr lässt Werden, Sein und Vergehen zyklisch erleben. Erntedank und Fastenzeiten geben Fülle und Leere vor. Das Staunen über die Schöpfung erfüllt die Gebetszeiten. Für das Essen wird gedankt, und es wird um gute Witterung gebetet. Das Eingebundensein des Menschen in die Schöpfung, die wechselseitige Abhängigkeit, ist ständig präsent. Dieses Erinnern und Staunen fehlen im nicht klösterlichen Alltag oft gänzlich. Die meisten Menschen im Westen erfahren sich als Macherinnen und Macher, als mächtig, als unabhängig von Witterung und Ernte. Etwas Demut, Humilitas, täte da wohl gut: Humilitas stammt nicht zufällig von Humus, Erde, Boden. Und Bodennähe brauchen wir dringend.

Benedikt nimmt Mass am Rhythmus der Natur, um den klösterlichen Alltag zu ordnen. ‹Mass nehmen›, ‹mass halten›, ‹das rechte Mass› ziehen sich wie ein roter Faden durch die Benediktsregel: Kein laues Mittelmass, sondern Mass nehmen am Göttlichen, an den Entscheidungen und Haltungen, die uns von Jesus überliefert sind – gemäss dem eigenen von Gott zugemessenen Mass zu leben lernen, nicht im Übermass besitzen, essen, ruhen, arbeiten, reden. Wer gegen sein Mass lebt, wird auch die Umwelt ausbeuten. Benedikt beweist einen bodenständigen Pragmatismus: Masshalten heisst auch, dass für jeden Mönch, jede Nonne andere Massstäbe gelten mögen, ganz nach den Fähigkeiten und Grenzen der Einzelnen: ‹Jedem wurde zugeteilt, was er nötig hatte› (Regel 4,1).

Da sind wir also aufgefordert, selber zu denken und zu fühlen: Was brauche ich wirklich? Was ist zu viel? Was kann ich loslassen? Ich denke an unsere Konsumgesellschaft, die wesentlich zur drohenden Klimakatastrophe beiträgt. Die Klimabewegung versucht dies bewusst zu machen. So sorgte kürzlich eine Aktion der Gruppe Extinction Rebellion für Schlagzeilen: Aktivistinnen drängten sich auf den Laufsteg einer Modeschau. Mit Plakaten kritisieren sie, wie der masslose Konsum unsere Lebensgrundlagen zerstört.

Benedikt widmet dem Essen ein ganzes Kapitel: ‹Vom Mass der Speisen – de mensura cibus›. Er weiss, dass Essen ein sensibles und oft emotionales Thema ist. Niemand soll überfordert sein: ‹Nur mit einer gewissen Ängstlichkeit bestimmen wir darum das Mass der Nahrung für andere› (Regel 40, 2–3). Auch wenn die meisten Klöster die vegetarische Tradition aufgegeben haben, so ist sie für mich heute eine Anregung. Die UN-Ernährungs- und Landwirtschaftsorganisation (FAO) zeigt, dass 14,5 Prozent der globalen Treibhausgasemissionen aus der Nutztierhaltung stammen. Die jüngere Generation hat das Problem erkannt: Drei Viertel lehnen die heutige Fleischproduktion ab.

Zwischen Arbeit und Gebet, zwischen sakral und profan kennt Benedikt keine grundlegende Unterscheidung. So betont er im Umgang mit Alltagsgegenständen eine Sorgsamkeit: Die Mönche und Nonnen sollen sie wie Altargerät behandeln, also wie ein Gerät der Gotteserfahrung. Benediktiner und Benediktinerinnen benutzen in diesem Zusammenhang ein etwas aus der Mode gekommenes Wort: Ehrfurcht, auch Gottesfurcht. Was Anklänge von Furcht, von Angst hat, beinhaltet Dimensionen von Hingabe, von Gewicht geben, von wichtig nehmen. Von Heiligkeit im Alltag, vom Verweis auf etwas, was mein kurzes Leben hier übersteigt und überdauert. Wenn dieses Etwas nicht Gott ist, so ist es vielleicht die Generation nach mir. Die Mitwelt, die auch ein Recht auf Leben hat.»

Das Kloster Fischingen im Hinterthurgau.

Anja Kollmuss war auf den Etappen von St. Gallen nach Gossau am 11. Juni, von Fischingen nach Wetzikon am 13. Juni und von Baden nach Wildegg am 20. Juni mit dabei und hat Klimaspuren erklärt, warum CO_2-Kompensation keinen Klimaschutz bedeutet.

Fragen an Anja Kollmuss: Wie wichtig ist Geld?

Anja Kollmuss, du beschäftigst dich seit zwanzig Jahren mit der Klimapolitik. In der Schweiz haben wir pro Kopf einen der grössten ökologischen Fussabdrücke weltweit. Wo liegen die Hebel?

Anja Kollmuss: Die grössten persönlichen Hebel liegen im politischen Engagement. Das kann zum Beispiel heissen, mit Verwandten über Klimawandel und Abstimmungen zu sprechen, auf Klimademos zu gehen, Leserbriefe zu schreiben oder bei einer Umweltschutzorganisation oder einer Partei aktiv zu werden. Wir sind alle ein Teil der Gesellschaft, deshalb gilt es, zusammen zu handeln und sich nicht nur auf den persönlichen Lebensstil zu fokussieren.

Also genügt es nicht, Plastik zu recyceln und weniger Fleisch zu essen?

Anja Kollmuss: Nein, das Wichtigste ist, sich politisch zu engagieren. Auch beim persönlichen Konsum ist es aber wichtig zu wissen, wo die grossen Hebel sind. So ist unsere Mobilität für den grössten Teil der Emissionen verantwortlich, gefolgt vom Wohnen und der Ernährung. In der Schweiz kauft jeder und jede im Schnitt mehr als sechzig Kleidungsstücke jährlich, und nach einem Jahr sind 60 Prozent bereits wieder im Müll. In den letzten zwanzig Jahren ist der Konsum in allen Bereichen massiv angestiegen. Es braucht Politikinstrumente, die Leute dazu bringen, weniger zu konsumieren. Denn Konsum macht nicht glücklich, man gewöhnt sich zu schnell an den Überfluss.

Was können wir bei der Mobilität tun?

Anja Kollmuss: Herr und Frau Schweizer fliegen doppelt so viel wie ihre Nachbarn und fast zehnmal so viel wie der globale Durchschnitt. Doch Flugzeuge und Kreuzfahrten haben einen riesigen ökologischen Fussabdruck. Zwei Wochen Wandern statt einer Kreuzfahrt spart 1,2 Tonnen CO_2. Ein Flug nach New York und zurück verursacht drei Tonnen CO_2. Das sind gleich viele Emissionen, wie wenn man über 660 Jahre hinweg täglich eine Plastiktüte verbrennt, oder acht Jahre lang jeden Tag zwölf Stunden Netflix schaut. Auch politisch braucht es mehr: Die Emissionen des Flugverkehrs sind nicht im Schweizer Klimaziel enthalten, obwohl diese mehr als einem Viertel der Inlandemissionen entsprechen. 10 000 Kilometer weniger Autofahrten spart rund zwei Tonnen CO_2 ein. Was vielleicht viele erstaunt: Weniger Autofahren heisst auch weniger Mikrokunststoff in der Natur. Denn die Mikroplastikverschmutzung in unseren Gewässern und Böden kommt hauptsächlich vom Gummiabrieb der Reifen. Und wenn es ein Auto sein muss, dann ein kleines mit Elektroantrieb. Nirgends auf der Welt fahren pro Kopf so viele SUV wie in der Schweiz.

Aber wenn wir unsere Reisen mit Zertifikaten kompensieren, dann sind diese doch klimaneutral?

Anja Kollmuss: Dazu habe ich lange geforscht. Kompensieren nützt dem Klima meistens nichts, denn der grosse Teil der Zertifikate hat nicht die Emissionsreduktionen erbracht, die er ausweist. Ich empfehle daher, anstatt zu kompensieren, einer politisch arbeitenden Organisation Geld zu spenden.

Geld ist also ein grosser Hebel?

Anja Kollmuss: Die meisten von uns haben mehr als genug Geld, auch wenn wir das oft abstreiten. Ich versuche jedes Jahr etwa zehn Prozent meines Einkommens an Organisationen zu spenden, welche sich für politische Veränderungen einsetzen oder auf dem juristischen Weg mehr Klimaschutz erreichen wollen. Gerichte können die Politik und Wirtschaft unter Druck setzen und im besten Fall sogar zwingen, mehr für den Klimaschutz zu machen.

Also nicht fliegen, keine Kreuzfahrt und nur ausnahmsweise autofahren. Was können wir beim Wohnen tun?

Anja Kollmuss: Vom Erdöl und Erdgas wegkommen, besser isolieren und weniger Wohnfläche beanspruchen. Denn höhere Ansprüche und mehr Singlehaushalte erhöhen den Flächenbedarf. Mieterinnen und Mieter können sofort ihren Strom vom Standardstrommix auf Ökostrom umstellen.

Kommen wir auf die Ernährung zu sprechen. Nur noch Früchte und Gemüse essen?

Anja Kollmuss: Unsere Ernährung ist für einen Fünftel der Treibhausgasbilanz verantwortlich. Schaut man die gesamte Ökobilanz der Lebensmittel an – also nicht nur das Klima, sondern auch Wasser und Böden –, dann verursachen tierische Produkte wie Fleisch, Käse, Eier etc. knapp die Hälfte des ökologischen Fussabdrucks, Getränke, vor allem Alkohol und Kaffee, einen Fünftel, Gemüse und Früchte zusammen 10 Prozent. Der Transport nur 4 Prozent. Aber Achtung, eingeflogene Produkte – auch Gemüse, Früchte und Blumen – haben einen grossen Fussabdruck. Der Grossverteiler Lidl Schweiz hat deswegen ein Flugverbot für Gemüse und Früchte erlassen. Lokal ist aber nicht immer besser: Eine Freilandgurke aus Italien braucht etwa zehnmal weniger Energie als eine aus einem geheizten Schweizer Gewächshaus. Daher am besten lokal und saisonal einkaufen. Ist die Wahl im Mai zwischen einem gelagerten Apfel aus der Schweiz oder einem eingeflogenen aus Neuseeland, dann heisst die Antwort: keinen Apfel essen, denn auch die Lagerung von einheimischem Obst ist energieintensiv.

Dann also lieber einen frischen Rindsbraten als im Frühling einen Apfel essen?

Anja Kollmuss: Der grössten Hebel liegt bei den tierischen Produkten; vor allem Produkte von Wiederkäuern, also Kühen, denn sie produzieren bei der Verdauung Methan, ein starkes Treibhausgas. Allen voran geht das

Rind, mit einer Treibhausgasbelastung von 50 Kilo CO_2 pro 100 Gramm Protein. Zum Vergleich: 100 Gramm Protein aus Soja verursacht etwa 2 Kilo CO_2. Wenn man statt einmal täglich nur noch zweimal pro Woche Fleisch isst, kann man seinen Klimafussabdruck um eine Tonne pro Jahr senken. Beeindruckend finde ich die Ausmasse der weltweiten Viehhaltung. Nach Gewicht sind 60 Prozent aller auf der Welt lebenden Säugetiere Nutztiere, gefolgt von 36 Prozent Menschen, nur 4 Prozent sind noch wild lebende Säugetiere. Und vielleicht ist es auch gut, wenn wir uns immer wieder daran erinnern, dass Nutztiere meist viel Elend in ihrem Leben erleiden müssen.

Und sollen wir Plastikverpackungen vermeiden?

Anja Kollmuss: Obwohl so viele Leute auf Plastik fokussiert sind, ist die Verpackung in den meisten Fällen für den ökologischen Fussabdruck irrelevant, vor allem in der Schweiz, wo Plastik grösstenteils verbrannt wird und nicht im Meer landet. Als Verpackungsmaterial schneidet Plastik oft gleich gut ab wie Papier und besser als Glas. Die PET-Flasche ist meistens die fürs Klima vernünftige Wahl, gefolgt von Alu. Recycling ist wichtig, aber was in der Verpackung drin ist, ist viel relevanter.

Wie kann die Politik das Konsumverhalten beeinflussen?

Anja Kollmuss: In der Politik gibt es im Wesentlichen drei Instrumente. Erstens die regulative Politik. Diese legt zum Beispiel Grenzwerte und Verbote fest. Regulierungen sind oft am effektivsten, aber politisch schwierig durchzusetzen. Zweitens marktwirtschaftliche Instrumente wie die Bepreisung von CO_2. Sie ist oft deutlich weniger effektiv als in der Theorie. Sind die Preise zu tief, bewirkt eine Verteuerung nichts. Sind sie hoch, dann wächst der Widerstand und es sinkt die politische Machbarkeit. Die dritte Möglichkeit sind Subventionen. Sie sind oft teuer und schwierig abzuschaffen. Trotzdem sind Subventionen in der Politik oft sinnvoll, weil sie am einfachsten durchzubringen sind, da eine Gruppe profitiert, aber niemand direkt etwas zahlen muss. Um in der Klimapolitik voranzukommen, braucht es eine Kombination von allen drei.

Wie ist deine persönliche Zuversicht?

Anja Kollmuss: Nach über zwanzig Jahren Klimapolitik hat mich die Diskrepanz zwischen wissenschaftlich aufgezeigter Dringlichkeit und politischer Lethargie zu viel Kraft gekostet. Daher bin ich Primarlehrerin geworden. Ganz hat mich das Klima nicht losgelassen. Aber meinen Alltag verbringe ich nun mit begeisterten und eifrigen Zehnjährigen. ZS

Abstieg vom Hörnli im Zürcher Oberland.

Der Tod der Ware

Arbeiter in orangen Kleidern spannen Container in die Gabel ein. Wie von Zauberhand hebt ein Doppelarm sie in den Huckepack eines Lastwagens. Ein Arbeiter dreht einen Hebel, der Container leert aus. Es saftet, stinkt und rumort, denn eine Grossschaufel mostet den Abfall in den Bauch des Lastwagens. Nächste und übernächste Haustür – und dasselbe noch tausende Mal. Vollgepackt fährt der Lastwagen ins Niemandsland zwischen Wetzikon und Hinwil. Er reiht sich ein in eine Kolonne, fährt rückwärts an den Schlund und leert die nicht mehr gebrauchte Ware. Unten, im Bunker, wird sie gemischt mit Überresten aller Art vom nicht mehr gebrauchten Holz bis zu einem Berg übrig gebliebener Päcklisuppen. Schliesslich geht alles im grossen Feuer auf.

716 Kilo Abfall pro Person und Jahr werden in der Schweiz verbrannt. Die Sackgebühr und das Recycling haben dafür gesorgt, dass die Abfallkurve nicht gleich steil aufwärts zeigt wie die Konsumkurve. Dennoch: Pro Jahr werden in der Hinwiler Anlage 90 Millionen Tonnen Abfall entsorgt, und rund 2,1 Millionen Tonnen CO_2 steigen aus dem Rauch empor ins Klima.

Der Unternehmer der Abfallindustrie ist der Staat, meist organisiert in regionalen Verbänden. Der Bund gibt den dreissig Kehrichtverwertungsanlagen (KVA) der Schweiz Emissionsgrenzen vor. Er ist nett zu ihnen, denn er unterstellt sie nicht dem Emissionshandel. Die KVA zahlen 30 Rappen pro Tonne Abfall. Müssten sie wie Zement- oder Ziegelfabriken Zertifikate kaufen, wäre der Preis bei 60 Franken pro Tonne CO_2 – Tendenz steigend.

Die KVA sollen dennoch die Treibhausgase um vierzig Prozent senken. Und so setzen der Bund und die Anlagenbetreiber auf Carbon Capture and Storage (CCS). Mit dieser Technik soll bis 2030 die erste Anlage CO_2 abscheiden – um 100 000 Tonnen CO_2 soll so dereinst die Last aller KVA gemindert werden. Das aber ist weit weg von den nötigen 1,2 Mio Tonnen. Das abgeschiedene CO_2 wird dann durch Europa zum Beispiel nach Norwegen geleitet und im Untergrund versenkt werden. Eine listige Kreislaufwirtschaft: Die Erdölfirmen holen das Öl aus dem

Klimaspuren machte am 14. Juni bei der Kehrichtverwertungsanlage bei Hinwil Station und liess sich über Abfallverbrennung und die Fernwärme unterrichten. Und beharrte darauf, dass Klimavernunft nur ist, wenn substanziell weniger Waren gekauft, Abfall produziert, eingesammelt und verbrannt werden.

Meeresboden, daraus wird Plastik und Verpackungsmüll, der wird verbrannt und sein CO_2 wieder in die unendliche Tiefe versenkt. Kosten wird die neue Technik vier Milliarden Franken, und sie wird zwei Prozent des Stroms der Schweiz verbrauchen.

Zurzeit ist vieles im Fluss. Der Druck, dass die KVA für ihre CO_2-Last angemessen zahlen sollen, wächst. Nötig aber, das wissen alle, ist eine Wurzeltherapie: Weniger Abfall, weniger Verschwendung, weniger Konsum, und zwar substanziell. Das wollen aber die Kehrichtanlagen nicht – mit Millionen Franken haben sie ihre Infrastruktur vom Ofen bis zur Fernwärme auf mindestens die Menge Abfall von heute ausgebaut, jede Tonne mehr verbessert ihre Jahresrechnung. Und weniger Abfall will auch nur ein kleiner Teil der Wirtschaft und Gesellschaft. Kaum irgendwo ist der ‹System Change› für den ‹Climate Change› so nötig wie in der Waren-, Konsum- und Abfallwirtschaft. GA

Klimaspurens Eiche

Joseph Beuys hat 1982 in Kassel 7000 Eichen gesetzt. Es war eine der ersten Antworten eines Künstlers auf die ökologische Krise. Ein politischer Baum steht nun auch im Garten des Hochschulcampus in Rapperswil-Jona. 35 Meter hoch soll die hitzebeständige Zerr-Eiche (lat.: *Quercus cerris*) werden und vielleicht 200 Jahre alt. Denn bei aller Skepsis über den Fortgang des Menschengeschlechts braucht dieses auch Zuversicht. Und gerät die Welt aus den Fugen, werden alle wissen – in Rapperswil steht eine Eiche aus besseren Zeiten. Bevor die Welt untergeht, werden Klimaspuren aus ihr ein Fässchen küfern, in dem Wein kräftige Tannine und herben Geschmack für einen letzten Schluck reifen lassen. **GA**

Die Gärtner Ghirmalem (l.) und Roman pflanzen mit Klimaspuren
am 15. Juni auf dem Campus der Fachhochschule OST in Rapperswil
die Zerr-Eiche *Quercus cerris klimaspuris*.

Luca Schmidlin:
«Lieber Treibstoffe als Flugzeuge ersetzen»

«Vor dem Campus der Fachhochschule OST in Rapperswil stehen zwei unscheinbare weisse Container. Hier erforschen wir vom Institut für Energietechnik seit 2014 Power-to-X. Im Jahr 2015 ging die erste Testanlage in Betrieb, ohne grosses Forschungsprogramm. Inzwischen steht bereits die zweite und grössere Testanlage, und zwölf Personen arbeiten an und mit der HEPP-Forschungsplattform. HEPP heisst High Efficiency Power-to-Methane-Pilot und ist eine Anlage, mit welcher wir den Wirkungsgrad der Umwandlung von Strom zu Methan auf siebzig Prozent erhöhen wollen; aktuell liegt er bei fünfzig Prozent. Auch testen wir neue Wege, um Wasserstoff zu produzieren, entwickeln Reaktoren, welche diesen in Methan umwandeln, und forschen an flüssigen Treibstoffen. Die Erfahrungen aus den Testanlagen geben wir unseren Projektpartnern weiter, welche als Energieversorgerinnen selber solche Anlagen bauen werden. Und wir kümmern uns auch um die Bewilligung und Zertifizierung unserer Anlage, um Power-to-X in der Schweiz den Pfad zu ebnen.

Die Power-to-X-Technologien wandeln Strom in einen chemischen Energieträger um, zum Beispiel in Wasserstoff. Wird mit Strom Wasser in Wasserstoff- und Sauerstoffmoleküle gespalten, kann der Wasserstoff direkt als Treibstoff oder als Basis für weitere chemische Produkte dienen. Wird Wasserstoff zum Beispiel mit CO_2 kombiniert, kann daraus Methan, der Hauptbestandteil von Erdgas, oder Kerosin hergestellt werden. Der Überschuss an Strom aus Fotovoltaik im Sommer kann so als Gas gespeichert werden. Es wird entweder als Ersatz für fossile Treibstoffe gebraucht oder gespeichert und im Winter wieder in Strom verwandelt. Sinnvoll ist dieser Umweg, bei dem ja auch Energie verloren geht, aber nur, wenn Überschuss vorhanden ist, der sonst verloren geht. Das wird mit einem Solarausbau der Fall sein.

Luca Schmidlin (oben) leitet das Power-to-X-Team am Institut für Energietechnik der Fachhochschule OST und führte Klimaspuren am 15. Juni durch seine Forschungsanlage in Rapperswil.

Für einen wirksamen Klimaschutz sind die Power-to-X-Technologien genug reif. Doch ihre Wirtschaftlichkeit hapert. Dies weil die Produktion von Wasserstoff viel Strom braucht und dieser teuer ist. Power-to-X braucht viele günstige Stromstunden, um wirtschaftlich zu werden. Der Vorteil der Kraftstoffe aus den Power-to-X-Prozessen ist, dass keine neuen Technologien für die Anwendung notwendig werden – es ist einfacher, einen Treibstoff auszutauschen, als alle Flugzeuge zu ersetzen. Power-to-X ermöglicht zudem, einen CO_2-Kreislauf zu schliessen, denn das Kohlendioxid wird aus der Luft gefiltert und im Power-to-X-Prozess gebunden. Wird es im Anschluss verbrannt, gelangt das CO_2 wieder in die Atmosphäre.»

Der Hof der Narren

Es ist ein warmer Junitag beim Hof Narr. Die Pferde und Esel mampfen glücklich ihr Heu, die Ziegen klettern herum, die Schweine lassen sich im Stroh den Bauch streicheln, Hühner und Truten erkunden den Hof. Sie alle sind vom harten Los der Nutztiere befreit. Niemand trachtet ihnen nach dem Leben. Sie stehen für eine tierfreundliche und klimavernünftige Landwirtschaft. Der Hof produziert Biogemüse für die Menschen aus der Region. Aber er ist auch Unterrichtsraum. Die Tiere, die hier leben, werden von tausenden Leuten jährlich besucht. Kinder und Erwachsene lernen Schweine und Ziegen hautnah kennen, ihre Bedürfnisse, Eigenheiten und Charakter. Sie erleben, wie diese Tiere den Kontakt zu Menschen geniessen, und die Besucherinnen und Besucher erfahren, wie die Tiere auf anderen Höfen leben, wo alles auf maximalen Ertrag optimiert wird. Auch Bauern kommen vorbei; sie wollen ihre Tiere anders halten und nicht mehr schlachten. Der Hof Narr hilft ihnen bei den kleineren und grösseren Schritten hin zu einer tierfreundlichen und klimaneutralen Landwirtschaft. Und er wird ein wichtiger Ort werden für die nächste grosse Auseinandersetzung in der Landwirtschaftspolitik über den Tierschutz. Der Hof Narr zeigt: Es geht auch anders. zs

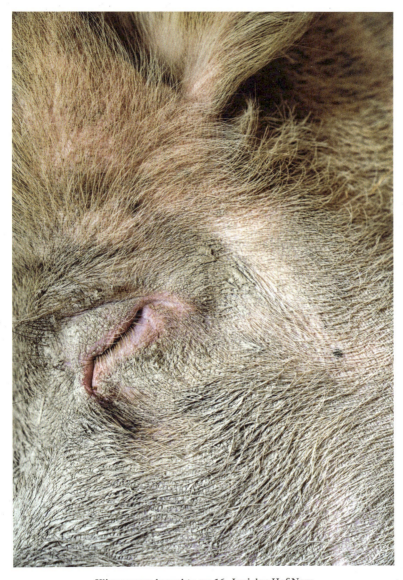

Klimaspuren besuchte am 16. Juni den Hof Narr
von Sarah Heiligtag und Georg Klingler in Hinteregg zwischen Rapperswil
und Uster und begrüsste Rosmarie, das glückliche Schwein.

Notstand, Bürgerbefragung, Klimareglement

An Klimaspurens Weg lagen Chur, Landquart, Altstätten, St. Gallen, Uzwil, Wetzikon, Rapperswil-Jona, Uster, Baden, Brugg, Aarau, Olten, Solothurn, Burgdorf, Biel, Neuchâtel und Yverdon. Fast jede dieser kleinen und mittelgrossen Städte hat ihren eigenen Klimafahrplan.

Klimanotstand in Wil

Von weitem sichtbar thront Wils historischer Stadtkern auf einer Anhöhe hoch über der Thur. Unterhalb liegt die Weierwiese mit der Oberen Mühle. Überschwemmungen in diesem Gebiet bis hinunter zur Autobahn A1 haben Ende Juni 2021 national Schlagzeilen gemacht. Es müssen Millionen investiert werden, um den Hochwasserschutz zu verbessern. Die Auswirkungen der Klimakrise zeigen sich ganz konkret. Der Handlungsdruck steigt. Der ‹Klimanotstand›, den das Stadtparlament 2019 auf Initiative der Grünen ‹prowil› ausgerufen hat, ist immerhin ein erster Schritt. «Die Einsicht, dass wir ein Klimaproblem haben, ist die Voraussetzung dafür, dass griffige Massnahmen eine Chance haben», sagt Eva Noger von ‹prowil›. Die Stadt will bis 2030 eine klimaneutrale Verwaltung und bis 2050 Klimaneutralität für alle erreichen. Zudem hat der Stadtrat zwischenzeitlich die Klimacharta unterzeichnet, welche Grundsätze und Handlungsleitsätze festhält. Stadtpräsident Hans Mäder (Mitte) dazu: «Ziele sind das eine, wichtig ist, was man tut.» Das städtische Fördermodell für die Fotovoltaik sucht schweizweit seinesgleichen. Dank diesem werden vermehrt private Anlagen gebaut. ‹Monamo› (Modelle nachhaltiger Mobilität in Gemeinden) ist ein Förderprojekt des Bundesamts für Energie, welches klimafreundliche Mobilität anstösst. Wil nimmt daran teil und gilt als Labor. Bereits umgesetzt sind ein Velolieferdienst und ein Projekt für Velolastenanhänger. Mit diesen Fahrzeugen können bis 140 Kilo transportiert und so Kleinlieferwagen im städtischen Verkehr ersetzt werden. Weitere Themen sind Sharing, City-Logistik und die Stärkung des Fuss- und Veloverkehrs.

Klimaspuren war am 12. Juni beim Klimapicknick der Grünen ‹prowil› zu Gast auf der Weierwiese in Wil SG.

Bürgerpanel in Uster

Am Bürgerpanel zum Klimaschutz in der Stadt Uster beteiligen sich zwanzig zufällig ausgeloste Ustermerinnen und Ustermer. Sie sitzen während zweier Wochenenden zusammen, hören Expertinnen zu und entwickeln Ideen und Empfehlungen für den Klimaschutz in ihrer Stadt. Am 4. November 2021 präsentierte das Bürgerpanel der Bevölkerung und der Stadtverwaltung an einem ‹Bürgercafé› seine Ergebnisse. Die Vorschläge reichen von Informationskampagnen über mehr regionale Bioprodukte in den Restaurants bis zu neuen Begegnungsorten im öffentlichen Raum und klimavernünftigem Bauen. Sarina Laustela leitet den Bereich Abfallbewirtschaftung und Umwelt der Stadt Uster: «Es war eine gute Stimmung, und das Panel war auch für die Beteiligten selber eine gute Sache. Die Ergebnisse werden helfen, dass Massnahmen für das Klima in der Stadt mehr Zustimmung erhalten.»

Ist das Bürgerpanel klimapolitische Sensibilisierung, Schwarmintelligenz und Partizipation, so will der Massnahmenplan Klima, den der Stadtrat Anfang Februar 2021 genehmigt hat, Nägel mit Köpfen machen und die Treibhausgase um 45 Prozent bis 2030 reduzieren und ‹Netto Null› bis 2050 erreichen. Die Baustellen heissen Mobilität, Raum und Siedlung, Gebäude, Gewerbe, Industrie, Ver- und Entsorgung, Infrastruktur, Forst- und Landwirtschaft, Gewässer, Stadt- und Mikroklima und Informationen. So werden die Elektromobilität und der Stadtbus gefördert, die Mobilität von Verwaltung und Schulen wird unter die Lupe genommen, und die Fahrzeugflotte der Stadt wird fossilfrei. Es gibt strengere Anforderungen an Neuüberbauungen. Vorgesehen ist, energetische Sanierungen und erneuerbare Heizungen nicht je einzeln, sondern quartierweise zu koordinieren und zu fördern. Kommunale Bauten sollen bis 2040 auf ‹Netto Null› sein. Ab 2022 wird eine Fachstelle Nachhaltigkeit zum Dreh- und Angelpunkt des Ustermer Klimaschutzes werden. Sie wird auch die Empfehlungen des Bürgerpanels aufnehmen und umsetzen helfen.

Klimareglement in Biel

Biel/Bienne ist das Zentrum des Seelandes und ein Scharnier zwischen Romandie und Deutschschweiz. 2020 hat der Stadtrat, die Legislative, einen wegweisenden Klimaschutzartikel beschlossen. Auch Biel will 2050 bei ‹Netto Null› ankommen. Stadteigene Infrastrukturen und die Verwaltung sollen schon 2040 klimaneutral werden. Die Stadt verzichtet darauf, Zertifikate zu kaufen, um damit Treibhausgasemissionen anderswo zu kompensieren, statt selber genug zu tun.

Der Bieler Klimaschutzartikel regelt detailliert, wie die Stadt ihre Klimaschutzziele erreichen will. Dafür muss die Stadtverwaltung die Treibhausgasemissionen im Stadtgebiet jährlich erheben. Alle städtischen Vorhaben werden daraufhin geprüft, ob sie der Klimastrategie entsprechen, alle Vorlagen, die die Stadtregierung dem Parlament oder der Volksabstimmung unterbreitet, werden über Auswirkungen auf das Klima Auskunft geben. Zudem muss die Regierung alle zwei Jahre über den Stand der Dinge berichten, auch ob und wie sozialverträglich umgesetzte und geplante Massnahmen sind. Und sie muss sagen, was sie für die kommenden fünf Jahre plant. Auch ein ‹Fachausschuss Klima› wird installiert. Und das A und O jeder Politik, die mehr will als nur lamentieren, heisst das Geld sichern. Biel wird deshalb eine ‹Spezialfinanzierung Klimaschutz› schaffen. DS

Klimaspuren besuchte am 16. Juni Uster und hörte im Zellwegerpark Hochparterres Städtebaustammtisch über Klimaschutz in der Kleinstadt zu.

Klimaspuren besuchte am 1. und 2. Juli Biel und staunte über ein Stadtparlament, das es mit Klimaschutz ernst meint.

Flugzukunft in Dübendorf

In Dübendorf liegt das Tafelsilber der Schweiz – es ist 167 Hektar gross und war einst der Stolz der Schweizer Luftwaffe. Doch seit zwanzig Jahren zieht sie sich mehr und mehr von ihrem Flugplatz zurück, und so ist das weitaus grösste Stück nicht mehr gebrauchter Schweiz an bester Lage entstanden. Rettungs-, Freizeit-, Sport-, Nostalgieflieger verteidigen zwar ihren Ort noch; Hochschulen, Goldgräber, Forscherinnen und Businessmen aber sehen lieber gläserne Labor- und Büropaläste aus den alten Pisten wachsen. Für sie haben findige Politiker das Wort ‹Innovationspark› geschöpft. Hier sollen dereinst 15 000 Leute arbeiten und leben. Alles gut und recht, aber als Zahlmeister der grossen Pläne sehen die Innovationsparkgärtner den Kanton Zürich und den Bund. Und darum müssen inhaltliche Pflöcke eingeschlagen werden. Wenn schon Innovation auf dem Tafelsilber im Volkseigentum, dann solche, die substanzielle Beiträge für die Nachhaltigkeit und gegen die Klimanot stiften.

Schauen wir, was in nicht mehr gebrauchten Hangars schon passiert, so sind die Anzeichen schlecht. Denn hier tüfteln Ingenieure an elektrisch angetriebenen Sportflugzeugen. Andere denken darüber nach, wie das Flugbenzin statt aus Erdöl künftig aus Solarenergie gewonnen werden könnte. Der Umbau der weltweiten Fliegerei von Öl auf Treibstoff aus der Sonne würde aber jährlich 4000 bis 5500 Milliarden Kilowattstunden Energie brauchen. Um diesen absurden Bedarf zu decken, müsste ein Solarkraftwerk von 45 000 Quadratkilometern gebaut werden – eine Fläche so gross wie die Schweiz und Vorarlberg dazu.

Zukunft heisst aber nicht Fliegen, sondern zu Fuss gehen – wie Klimaspuren es vormachte. Allenfalls Zug- und Velofahren. Um zu belegen und zu propagieren, dass es grundsätzliche Alternativen zur massenhaften Fliegerei braucht und wie diese funktionieren, begehrt Klimaspuren ein vom Staat spendiertes Forschungshaus – inklusive Forschungskredit und fünf Professuren. GA

240 Fussballplätze gross ist die grösste Industriebrache des Landes in Dübendorf. Klimaspuren wanderte am 17. Juni an ihr vorbei und schickte einen Papierflieger los mit der Forderung: «Wenn schon, dann im Innovationspark klimarelevant forschen.»

Flugzeug Max:
«Von nun an hebe ich nicht mehr ab»

«Als ich das erste Mal abhob, war ich fürchterlich aufgeregt. Endlich fliegen! Ganz allein! 250 Passagiere, alle glücklich in mir verstaut. Auch ein paar Pferde waren dabei, die stampften unentwegt, was ich zuerst lustig fand, aber nach ein paar Stunden nervte es mich dann doch. Der erste Flug ging von Zürich nach New York. Ich war gespannt auf das riesige Meer, von dem mir die andern erzählt hatten. Und nach ein paar Stunden ging's bereits wieder zurück. Seither bin ich nach Südafrika, nach Indien, dann wieder nach New York, nach Russland und schliesslich auch nach China geflogen. Endlos. Als ich mich kürzlich von meinem Flug nach Tokyo und zurück auf dem Flugplatz bei Zürich ausruhte, kam mein Freund, das Taxi, zu Besuch. Er erzählte mir von einer grossen Demonstration vor dem Flughafen. Irgendetwas mit Klima und Umwelt. ‹Ich bin auch für das Klima und die Umwelt›, sagte ich ihm und erzählte von den schönen grossen Wäldern, dem Meer und den Wüsten. ‹Das ist schön und gut›, meinte das Taxi, ‹aber wenn du fliegst, dann machst du das Klima kaputt. Aber sorg dich nicht, es ist gar nicht so schlimm, wie die Demonstrantinnen behaupten. Nur zwei Prozent des gesamten CO_2-Ausstosses kommen von den Flugzeugen. Und das Fliegen ist wichtig für den internationalen Austausch, für die Wirtschaft und für die Menschen.› Das Taxi wurde gerufen und fuhr weg. Doch das Klima ging mir nicht mehr aus dem Kopf. Da meldete sich der Computer in meinem Cockpit: ‹Soll ich für dich nachsehen, wie gross denn tatsächlich der Einfluss ist?› – ‹Oh ja, gerne›, sagte ich, und der Computer legte los: ‹Global hat der Flugverkehr inzwischen 2,8 Prozent Anteil am CO_2-Ausstoss, ist aber für rund 7 Prozent des Klimaeffekts verantwortlich, in der Schweiz sogar für 27 Prozent. Denn der grosse Teil des Klimaeffekts vom Fliegen

Klimaspuren nahm am 17. Juni an einem Seminar zum terranen Leben
im Teepavillon des Circle am Flughafen Zürich teil.
Dieser Lebensstil propagiert ein Dasein ohne die Beschwernis des Fliegens.
Terrane Menschen fliegen nicht, sie essen und trinken nichts, das hat fliegen müssen,
sie besuchen keine Konzerte, deren Musikerinnen herbeigeflogen kommen.
Sie tun dies alles heiter und überzeugt,
dass ihre Lebensart ebenso erfolgreich werden wird wie die vegane.
Und damit es so wird, setzen sie auch auf die Kraft der Märchen und der Fantasie.

verschuldet nicht CO_2, sondern andere Gase. Und die Mehrheit der Menschen ist noch gar nie geflogen. Es sind also wenige Menschen, welche für extrem viele Emissionen verantwortlich sind.› Der Computer wurde wieder still und schlief ein. Ich und meine Kollegen tragen über einen Viertel der Treibhausgaslast der Schweizer? Was wäre, wenn wir alle auf dem Boden blieben? Einfach keinen Menschen mehr, keine Tiere und keine Waren mehr durch die Luft transportieren? Kurz entschlossen sagte ich meiner Flugfirma: ‹Von nun an hebe ich nicht mehr ab.› Ich liess mir in grossen Buchstaben ‹Flugi verweigert das Fliegen› auf meinen Rumpf malen und rollte langsam von der Piste zu den Demonstrantinnen. Von nun an lebe ich terran.» **Gedichtet: zs**

Im Klimapavillon

Auf dem Werdmühleplatz, unweit der Zürcher Bahnhofstrasse, steht der Klimapavillon. Wo einst Billets für Theater und Konzerte verkauft wurden, informieren heute Klimakundige mit Ausstellungen, Veranstaltungen und Gesprächen. So betrieb die Greenpeace-Regionalgruppe einen CarbonSuisse-Bankschalter und wies auf die CO_2-intensiven Investitionen der Grossbanken hin. Und Greenpeace provozierte mit Tatsachen zum Schweizer Fleisch. Die KlimaSeniorinnen zeichneten hier den Weg ihrer Klage auf, myblueplanet organisiert regelmässig den Tauschhandel Give & Take. Die Stadt Zürich gibt dem Klimapavillon eine offizielle Note – sie richtet dort ihr Klimabüro ein und will Liegenschaftsbesitzer und Gastronominnen auf den ‹Netto-Null›-Pfad bringen.

Im Klimapavillon wird berichtet, was in Zürich und in der Schweiz läuft, aber auch, wo es harzt. So vermeidet die städtische Politik allzu heftige Kritik an den Firmen des Finanzplatzes, dem grössten Zürcher Klimasünder. Auch mit der Klimagasreduktion im Verkehr geht es langsam. Deswegen lancierte UmverkehR zwei Stadtklima-Initiativen: Die ‹Zukunftsinitiative› will jedes Jahr 0,5 Prozent der Strassenfläche in Fläche für den öffentlichen, den Fuss- oder Veloverkehr umwandeln. Die ‹Gute-Luft-Initiative› will 0,5 Prozent der Strassenfläche in Grünfläche umbauen. Grünflächen ausweiten – das fordert auch eine Volksinitiative des Vereins Stadtgrün. Er will eine Stiftung einrichten, die mit Steuergeldern den Bau von Grünflächen finanziell unterstützt. Fürs Klima engagiert sich Klimastadt Zürich. Dieser Verein ist ein Zusammenschluss engagierter Menschen und Organisationen, die eine Idee voranbringen wollen: Zürich als Klimastadt – ökologisch, emissionsfrei, verkehrsarm, menschenfreundlich und klimagerecht. Dafür betreibt der Verein politische Lobbyarbeit und stellt den verschiedenen Gruppen der Klimabewegung zentral gelegene Arbeits- und Versammlungsräume zur Verfügung: den ‹Klimaraum› an der Hardstrasse, für Workshops, Diskussionen und Sitzungen. Und eben auch den Klimapavillon am Werdmühleplatz. zs

Der Verein Klimastadt Zürich fordert, dass die Stadt bis 2030
auf ‹Netto Null› Treibhausgase herunterkommt.
Er empfing Klimaspuren am 18. Juni in seinen Büros im Kulturpark.

Hitze mindern

Menschen in Städten leiden besonders unter der Hitze, die sich im Sommer in den dicht bebauten Gebieten auf Wärmeinseln staut. Künftig können die Temperaturen in Schweizer Städten bis auf 50 Grad Celsius steigen. Und das an immer mehr Tagen im Jahr. So wird in der Stadt Zürich die Anzahl Hitzetage bis 2060 wohl von 15 auf 21 Tage zunehmen, so viele, wie heute Barcelona oder Rom kennen. Falls der Klimaschutz nicht greift, würden es deutlich mehr – in Zürich wird es dann so heiss wie in Städten Nordafrikas.

Mit der Fachplanung Hitzeminderung setzt die Stadt Zürich der Überhitzung etwas entgegen. Als wichtiger Baustein sollen bestehende Kaltluftströme erhalten bleiben. Denn kühle Luft entsteht in den umgebenden Grün- und Freiflächen auf den Hügeln, und sie strömt nachts den Hängen entlang hinunter. Die Stadtplanung will vermeiden, dass neue Grossbauten die Kaltluftbahnen unterbrechen.

Bäume, Wasser und Wiesen werden wärmebelastete Gebiete mit einer hohen Bevölkerungsdichte und sensiblen Nutzungen – zum Beispiel Schulen und Pflege- oder Alterszentren – gezielt entlasten, denn dort ist der Einfluss der Hitze auf die Menschen am grössten. Grünflächen werden erhalten, asphaltierte Wege aufgebrochen, grüne und kühle Erholungsräume neu geschaffen. Auch das Wegenetz wird schattiger und angenehmer gestaltet. Alles Ideen und Pläne, damit in der Stadt auch im Sommer gelebt werden kann.

Die Theorie der Hitze hat der Bund der Landschaftsarchitektinnen und Architekten BSLA im ‹Standpunkt Klima und Siedlung› vorgespurt. Er fordert: Die Siedlungen sind klimaangepasst zu entwickeln, um so Lebensgrundlagen und -qualitäten zu erhalten. Angepasst ans Klima heisst, ein vernetztes und vielfältiges System von Freiräumen zu planen und zu bauen. Dafür ist die grüne Infrastruktur zu stärken – Laubbäumen kommt dabei grosse Bedeutung zu. Dafür ist auch die blaue Infrastruktur zu stärken – ihre dezentrale Regenwasserbewirtschaftung nach dem Schwammstadtprinzip setzt auf Verdunstung sowie Versickerung und wirkt Überflutungsschäden entgegen. DS

Klimaspuren erfuhr – zu Fuss unterwegs – die Hitze in den Städten am eigenen Leib. Bei heissen Temperaturen stellten Vertreter von Grün Stadt Zürich am 18. Juni in Zürich-West die Fachplanung Hitzeminderung vor.

Bukolische Umgebung, gestaltet von den Landschaftsarchitekten Krebs und Herde im Maaghof, inmitten der Betonklötze von Zürich-West.

Nico Siegrist:
«Wir müssen die Klimapolitik besser erzählen»

Nico Siegrist ist Student und SP-Kantonsrat in Zürich. Er war auf mehreren Etappen von Klimaspuren mit dabei. Seine zwei Thesen stellte er am 1. Oktober anlässlich des Klimaseminars im Ferien- und Bildungszentrum Salecina in Maloja vor, wo Klimaspuren Bilanz zog und frug: «Was nun?»

«Fast siebzig Prozent der Menschen in der Schweiz glauben der Wissenschaft, dass die Temperatur bis zu drei Grad ansteigen könnte. Den meisten macht das Sorge. Das sagt eine SRG-Studie von 2017, erschienen vor der Klimastreik-Bewegung. Da Sorgen die Lebensfreude bedrücken, müsste daraus doch folgen, dass die Leute ihr Verhalten verändern, die politischen Bedingungen zu verbessern versuchen oder gar eine Veränderung des Systems wollen. Offensichtlich ist das nicht so. Ich habe dazu zwei Thesen.

Die erste: Die Klimakrise ist ein weltumspannendes Problem; die Veränderungen sind nötig und gross, und die Zeit ist knapp. Die meisten Menschen sind überfordert und fühlen sich unfähig, an einer Lösung mitzuwirken. Die einen sagen: ‹Es bringt eh nix.› Die anderen sagen: ‹Wir haben es versucht.› Und die Dritten meinen: ‹Ich verzichte auf Plastiksäckli.› Meine Schlussfolgerung: Wir müssen unentwegt die Komplexität der Klimakrise in erzählbare, gute und wissenschaftlich korrekte Informationen übersetzen, den Leuten zeigen, welche Hebel wie wirken. Die Klimanot wird dank weniger Plastiksäckli nicht milder, es braucht Systemveränderungen. Wir müssen mit anschaulichen Taten Erfolge aufzeigen. Ein Klassiker sind autofreie Zonen. Einmal da, wünscht sie niemand mehr weg.

Meine zweite These schlachtet eine heilige Kuh: Die Veränderungen der Produktion und des Konsums stellen den materiellen Wohlstand im globalen Norden infrage. Viele Menschen fürchten sich vor diesem Wandel und sind darum nicht bereit, klimavernünftig zu leben. Seit dem Zweiten Weltkrieg hat die Schweiz eine Erzählung verinnerlicht, dass Wohlstand und Erfolg in Materiellem gemessen wird, gekrönt vom Ziel: ‹Werde reich!› Die Erfolgsgeschichte verdrängt, dass der Wohlstand auf der Ausbeutung menschlicher und natürlicher Ressourcen ruht. Auch auf der Plünderung des globalen Südens. Meine Schlussfolgerung: Wir müssen dieser traditionellen Erzählung eine bessere entgegensetzen: ‹Werde glücklich, arbeite mit an einer schönen Welt, der Untergang in der Klimanot ist weder zwangsläufig noch gottgegeben.› Kurz – wir müssen klarstellen, dass der Klimaschutz den Wohlstand verändern wird. Nötig und schön werden Lebensformen sein, die das Klima nicht vernichten. Auch werden wir den Wohlstand für viele dann halten, ja verbessern, wenn wir die ungleiche Verteilung an Einkommen und Vermögen radikal verändern.»

Bei den Financiers der Klimakatastrophe

Der Finanzplatz Schweiz verwaltet rund ein Viertel aller Vermögen der Reichen dieser Welt. Hier werden Investitionen beschlossen, die das Zwanzigfache der direkten Treibhausgasemissionen der Schweiz verursachen. Klimaspuren war nicht nur in Wäldern und über Wiesen unterwegs, sondern hat mit fünf Trommelwirbeln an der Zürcher Bahnhofstrasse fünf Botschaften verlesen.

Die erste Botschaft verlas Klimaspuren vor einem eindrücklich geschmiedeten Tor am Paradeplatz 8:
«Oh Credit Suisse! Dein Engagement für das Fracking-Desaster in den USA ist schändlich. Beim Fracking werden Wasser, Sand und eine Reihe von Chemikalien mit hohem Druck in den Untergrund gepumpt. Sie führen zu Rissen im Gestein und setzen so Öl und Gas frei. Du finanzierst Bohrungen, Förderanlagen, Abbau von Frackingsand und Pipelines im ganz grossen Stil. Der Schaden fürs Klima, aber auch für die Umwelt ist enorm. Da es den Frackingfirmen zu teuer ist, das Methan als Erdgas zu sammeln und in Pipelines über hunderte Kilometer zu transportieren, verbrennen sie es, was grosse Mengen an CO_2 ausstösst. Viel Gas entweicht aber auch, ohne verbrannt zu werden. Das hochwirksame Klimagas Methan in der Atmosphäre stammt zu über einem Drittel aus dem Fracking – und du, Credit Suisse, profitierst davon. Besinne dich, diese Anlagen ruinieren die Welt und deinen Ruf, steig aus!»

Für die zweite Botschaft standen Klimaspuren auf den Paradeplatz und riefen den 1419 Pensionskassen landauf und landab zu:
«Oh Pensionskassen, ihr Hüterinnen unserer Renten! Ihr seid mit unseren 900 Milliarden einbezahlten Franken ein schöner Teil der Finanzindustrie. Eure Anlagen sind zwar gut reguliert, um die Risiken für uns Zwangssparer und Rentnerinnen erträglich zu halten. Diese Regulierungen müssen

In Zürich protestiert Klimaspuren am 18. Juni zusammen mit dem Deinvestment-Verein Fossil-Free, lokalen Aktivistinnen und Klimabesorgten in der Bahnhofstrasse gegen die Geschäfte von BlackRock, Credit Suisse, Nationalbank, Pensionskassen und Bitcoin.

aber auch auf Klimaverträglichkeit ausgeweitet werden. So wie es zum Beispiel Publica macht, die Pensionskasse des Bundes. Sie möchte bis 2050 ‹Netto Null› Emissionen für ihr Portfolio zu erreichen. Sie will die CO_2-Last von Unternehmensanleihen reduzieren, sie hat einen Absenkpfad für ihre eigenen Immobilien erstellt, sie schliesst von ihrem Geldsegen Kohlefirmen aus, und sie redet CO_2-intensiven Unternehmen gut zu. Vorbildlich die Pensionskassen Nest oder Abendrot, die seit Jahren ihre Anlagen auf soziale und ökologische Nachhaltigkeit prüfen. Pensionskassen, nehmt euch ein Beispiel an eurem Kamerädli vom Bund! Lernt von den kleinen, aufrichtigen und erfolgreichen Nischenspielerinnen!»

Die dritte Botschaft war an der Bahnhofstrasse 39 zu hören, wo ein amerikanischer Geldriese residiert:
«Oh BlackRock! Du verwaltest rund 2000 Milliarden Franken. Das ist viel Geld – 25 Mal das Jahresbudget der Schweiz oder ein Güterzug in der Länge von Zürich nach Johannesburg voller Hunderternoten. Freilich, deine Geldhändler preisen ‹nachhaltige Anlageprodukte› an. Gut so, aber wirken ihre Versprechen so, wie sie sie anpreisen? Deine Marketingschreiber jonglieren behände mit Begriffen von ‹nachhaltig› bis ‹sozial verantwortungsvoll›, und du stehst nach wie vor knietief in der Fossilwirtschaft von Baku bis Huston. Du bist ein Riesenspieler in der Klimapolitik – werde statt Teil des Problems Teil der Lösung: Kein Geld mehr für die, die Erdöl und Gas fördern, transportieren, verarbeiten und verbrauchen.»

Die vierte Botschaft erschallte vor den Toren der Nationalbank an der Börsenstrasse unweit vom Paradeplatz:
«Nationalbank, Herrgottsack! Du bist volkseigen und tust, wie wenn dich der Klimawandel nichts anginge. Wir sind ja stolz, dass du in Zürichs schönstem Bankhaus wohnst, von wo aus du als eine der grössten Investorinnen der Welt diese mitlenkst. Aber wir sind entsetzt, dass du nach wie vor markant in Kohle investierst und dass du Aktien von zwei Dutzend Unternehmen hältst, welche zu den hundert grössten Klimavernichtern gehören. 43 Millionen Tonnen CO_2 setzen die Firmen frei – das ist fast so viel, wie die ganze Schweiz jährlich zustande bringt. Bist du blind und von gestern? Hast du darum keine Anlagerichtlinien für deine Leute geschrieben, klimaschädliche Finanzierungen zu meiden?

Du hast, was das Klima angeht, verglichen mit anderen Zentralbanken die schlechtesten Noten – wir schämen uns für unser volkseigenes Bankhaus. Freilich, du hast ein schlechtes Gewissen. Du redest dich damit heraus, dein Beruf sei Geldpolitik; wenn du sie an CO_2-Emissionen knüpfen würdest, wirke das wie eine staatliche CO_2-Steuer. Das ist Mumpitz, denn du weisst, dass jede deiner Investitionen politische Folgen hat. Du gehörst uns; darum bitten wir höflich: Richte dein Anlangenportfolio klimafreundlich aus! Verlange von der Politik griffige Regeln!»

Die fünfte Botschaft schliesslich haben Klimaspuren am Ende der Bahnhofstrasse hinunter ins Shopville gerufen, begleitet von Pauken und Trompeten. Denn dort steht bei der Bank Western Union der Automat der Kryptowährung Bitcoin.

«Oh Bitcoin, du neuer Spielplatz der Finanzmenschen! Nur wenige Eingeweihte wissen, was du bist, tust und kannst. Wir aber wissen, dass du und die anderen Kryptowährungen weltweit 120 Terawattstunden Strom pro Jahr verbrauchen – gleich viel wie Österreich und die Schweiz zusammen. Tendenz: stark steigend. Schon 2018 hast allein du, Bitcoin, 70 Millionen Tonnen CO_2 in die Luft geblasen. Das, weil du durch komplizierte Rechenrätsel entstehst, die bloss gigantische Computer lösen können. Das, weil deine ‹Bit›-Transaktionen mit den ‹Coins› in der Blockchain energieintensiv sind. Jede braucht 313 Kilo CO_2 – gleich viel, wie 700 000-mal mit der Kreditkarte bezahlen. Schliesslich: Deine Computer werden laufend ausgewechselt. Mit einer Bitcoin-Transaktion wechseln immer auch 140 Gramm Elektroschrott von den Maschinen auf den Abfallhaufen. Bitcoin: Du hast keinen Daseinsgrund! Niemand kann dich halbwegs klimatauglich machen. Geh unter! Wir werden dich nicht vermissen!» GA

Suzann-Viola Renninger schreitet – über Suffizienz nachdenkend – hin und her auf der Bühne des ‹Philosophischen Salons›, den Klimaspuren am 17. Juni im Kulturpark Zürich eingerichtet hat.

Suzann-Viola Renninger: «Weniger ist weniger – und mehr»

«Mit möglichst geringem Aufwand ans Ziel. Handeln wir effizient, dann sinkt der Ressourcenverbrauch – an Rohstoffen etwa, oder auch an Energie. Doch nicht nur das. Wir schonen obendrein unsere Nerven, gewinnen Zeit und sparen Geld. Und was fangen wir mit diesem Zugewinn an? Wir konsumieren – oft mehr als zuvor. So wächst die Wirtschaft, was wiederum dazu führt, dass nicht nur die Einsparung an Rohstoffen und Energie verloren geht, sondern Nerven, Zeit und Geld knapper werden. Da bleibt nur eins: Wir müssen effizienter werden.

Stopp, sagt hier die Suffizienz-Bewegung: Weniger ist mehr. Lange Zeit kannten wir nur ‹Insuffizienz›. Meist dann, wenn die Körper nicht mehr funktionierten. Den Begriff ohne Vorsilbe brachte erst die Umweltbewegung vor rund dreissig Jahren ins Spiel: Suffizienz, klanglich passend zu den beiden anderen Pfeilern der Nachhaltigkeitsdebatte, Effizienz und Konsistenz. Jetzt geht es nicht länger um Organe unseres Körpers, sondern um die Art, wie wir unser Leben führen.

Während sich Effizienz und Konsistenz vornehmlich an die Industrie richten, wird bei der Aufforderung zur Suffizienz jede und jeder in die Pflicht genommen: Haltet Mass! Das ist, zumindest auf den ersten Blick, unangenehm. Wer mag schon gerne weniger konsumieren, genügsamer sein? Und dies allein in der Hoffnung, so die Welt vor dem ökologischen Untergang zu retten?

‹Warum grade ich? Ist mein persönliches Masshalten nicht nur ein Tropfen auf den heissen Stein? Sollte sich nicht zuerst die Politik bewegen? Sollte sich nicht vorab unser politisches System verändern, die Art, wie unsere Gesellschaft als Ganzes wirtschaftet?›

Ja, auch das, doch hier braucht es eine eigene Debatte. Die Suffizienz-Bewegung setzt auf die freiwillige Bereitschaft, das eigene Verhalten zu ändern – sie will Eigenverantwortung. Sie sucht den Wertewandel von unten. Sie motiviert mit zwei Ansätzen. Einmal drohend mit der ‹Enkeltauglichkeit›. Wer möchte, dass die Welt bewohnbar bleibt, wer möchte, dass unsere Kinder und Kindeskinder eine lebenswerte Zukunft vorfinden, muss Suffizienz leben. Und massvoller, anders konsumieren. Das heisst Verzicht: Weniger ist weniger.

Hier greift der zweite, der Genussansatz: ‹Weniger ist mehr.› Dies ist dann keine Wortspielerei, wenn die Aufforderung so verstanden wird, dass Genuss und Glück nicht von einer bestimmten Art von Konsum abhängen. Veranschaulichen kann das etwa der Geltungskonsum von Dingen, die wir nicht brauchen, womöglich nicht mal geniessen. Eine Form von Imponiergehabe. Identitätsfindung durch Statussymbole. Doch was heisst schon ‹nicht brauchen›? Diese Entscheidung fordert von uns Unabhängigkeit von dem, was die anderen tun, was als üblich gilt, was so scheint, als könne es nicht anders sein.

Suffizienz fordert auf, ein unabhängiges, kluges, selbstkritisches Leben zu führen. Eines, das der Nachhaltigkeit, der Fürsorge und dem Glück verpflichtet ist und sich dabei nicht auf vorgegebene Pfade verlässt. Solche Menschen, solche individuellen Wege braucht es. Ergänzend, unterstützend, inspirierend zu den politischen Anstrengungen, neue Gesetze und Regelungen einzuführen. Die, gäbe es mehr Suffizienz, gar nicht so dringend wären.»

Klimaintelligenz im grossen Massstab

Regensdorf bei Zürich, Entwicklungsgebiet Bahnhof Nord. Hoch ragen die Baugespanne in die Schäfchenwolken hinauf. Von oben leuchtet es lichtblau herab, aber das Umfeld hier unten ist unwirtlich. Einst wurden auf dieser Brache die geheimen Verschlüsselungsgeräte der Schweizer Armee zusammengebaut. Nun entsteht ein neuer Ort, in dem gegen Mitte des Jahrhunderts 6500 Menschen wohnen und arbeiten werden. 2015 nahm die Gemeindeversammlung von Regensdorf den ersten Gestaltungsplan für das Gretag-Areal an und legte damit den Grundstein für eine gross angelegte Transformation. Unterdessen hat die Pensimo Gruppe einen Teil des Entwicklungsgebiets gekauft. Als Bauherrin will diese Verwalterin von Abermillionen Franken an Pensionskassengeldern einen Leuchtturm der Klimavernunft errichten. Das Vorhaben heisst Zwhatt – abgeleitet von ‹zwischen Hardhölzli und Schlatt›, den beiden das Gebiet umschliessenden Wäldern. Hier wird eine umweltbewusste Generation wohnen und arbeiten – dank Holzbau, Recycling von alten Bauteilen, effizienter Gebäudeisolation, viel Fotovoltaik auf den Dächern und an den Fassaden, Grundwasser-Wärmepumpen und einem hohen Anteil an Velo-, Fuss-, Bahn- und Busmobilität. Mit Bäumen und Wasserflächen werden rund um die Hochhäuser Plätze, Plätzchen, Gassen und Wege entstehen – angenehm auch an Hitzetagen. Mit von der Partie sind die Ämter von Bund und Kanton Zürich, für sie ist Zwhatt ein Pilotprojekt für den Klimaschutz. DS

In Regensdorf bei Zürich realisiert die Pensimo Gruppe
für rund 400 Millionen Franken die grosse, klimavernünftige Siedlung Zwhatt.
Klimaspuren war am 19. Juni auf Inspektion.

Boris Previšić ist Professor für Kulturwissenschaften an der Universität Luzern und Direktor des Instituts Kulturen der Alpen. Er war vom 11. bis zum 13. Juni zwischen Uzwil und Wetzikon auf Klimaspuren mit dabei und stellte sein neues Klimabuch vor.

Boris Previšić: «Wird der Boden zerstört, geht die Kultur unter»

«Schon als Jugendlicher wurde ich auf dem ersten Biobauernhof im hintersten Tösstal politisiert. Mich beschäftigte das Waldsterben in den Achtzigerjahren. Ich konnte mit elf die zu lichten Tannenkronen lesen. Dafür fand man Lösungen mit strikteren Grenzwerten, Katalysatoren und dem Verbot von Fluorchlorkohlenwasserstoffen (FCKWs) gegen das Ozonloch. Der Fall der Berliner Mauer und der Jugoslawienkrieg überrumpelten Europa und mich. Kulturfragen drängten in den Vordergrund, und die Sorge um unsere Biosphäre rückte für mich in den Hintergrund. Vor gut zehn Jahren fragte ich mich, in welcher Welt denn meine Kinder leben werden, wenn sie einmal so alt sind wie ich. Ich habe begonnen, die Berichte des Weltklimarates zu studieren. Da erwachte ich. Dass wir die Klimagase nicht einfach reduzieren, sondern so rasch wie möglich auf null bringen und zusätz-

lich der Atmosphäre wieder Kohlendioxid entziehen müssen, hat sich in mein Bewusstsein eingebrannt. Ich habe begonnen, die Emissionen von Öl- und Gasheizungen, den Klimaeffekt von Flugreisen und den Bodenverschleiss gegen CO_2-Einsparungen durch Sonnenkollektoren und Humusaufbau aufzurechnen, und sah bald ein, dass mein individuelles Tun nur einen kleinen Mosaikstein im Gesamten bilden kann. Es braucht planetares Handeln. Sonst ist alles vergeblich.

Klimaerwärmung hat die Kulturwissenschaften auf den Kopf gestellt. Kümmerte sich meine Wissenschaft bisher um die Menschen und ihre Beziehungen untereinander, um neo- und postkoloniale Machtverhältnisse, um Hierarchien, um Kunst und Wahrnehmung, so durchdringt inzwischen die Klimaerwärmung meinen Alltag und wirft die Frage nach unseren biologischen Lebensgrundlagen in einer bisher unvorstellbaren Vehemenz auf. Der Mensch ist nicht mehr nur Subjekt, welches mit Absicht handelt und der Natur als Objekt gegenübersteht, sondern er hat Prozesse losgetreten, die auf ihn und die Biosphäre zurückfallen. In einem gewissen Mass war das freilich schon immer so, denken wir nur an die Lawinen in den Bergen oder an die Hochwassernot über Jahrhunderte. Doch der Klimawandel katapultiert uns in Dimensionen und Prozesse, die niemand umkehren kann.

Der anthropologische Blick zurück auf untergegangene Hochkulturen zeigt, wie sie sich mit der Übernutzung der verfügbaren Ressourcen zugrunde gerichtet haben. Wird der Boden zerstört, geht die Kultur unter. Das war so in Mesopotamien, in der Sahara, in China, Indien, Mittel- oder Südamerika. Wir wissen aus sozial- und kulturwissenschaftlicher Sicht, dass wir mit unserem Überkonsum zur Klimakrise beitragen. In unseren Ländern haben wir die Ressourcen, den Effekten der Klimaerwärmung noch auszuweichen, während die Dritte Welt schon jetzt darunter leidet: am Vorrücken der Wüste in der Sahelzone; an den Überschwemmungen in Indien oder Bangladesch.

Auf meinem Spaziergang komme ich regelmässig an einem Acker vorbei, der vor noch nicht langer Zeit ein Sumpf war. Heute ragt der Entwässerungsschacht weit aus dem Boden. Das jahrzehntelange Ackern hat die kohlenstoffhaltige Humusschicht massiv reduziert. Die Ressource Boden ist erschöpft und die Atmosphäre in einem Zustand, den sie seit Jahrmillionen nicht kannte. Lösungen sind in Sicht – doch der Mensch als Kulturwesen muss dafür Verantwortung übernehmen.»

Auch der Einfamilienhausbewohner muss mit dem Wasserschlauch gegen die Folgen des Klimawandels ankämpfen.

Mit Bibergeil am Waldfest

Bibergeils Terrain ist der Kanton Aargau. Alle paar Jahre spendieren die in dieser Denkwerkstatt versammelten Architektinnen, Planer, Landschaftsarchitekten sich und der Welt einen Entwurf über ein landschaftlich und architektonisch – und also gesellschaftlich – brisantes Thema. Jüngst ‹forêt en plus›: der Wald als Landschaftskammer, als Klimasenke, als Aufwertung der landwirtschaftlich intensiv genutzten Landschaft. Der Wald soll von einem Drittel auf die Hälfte der Aargauer Kantonsfläche anwachsen. Dafür will Bibergeil den Wald als Landschaft rekonstruieren. So wird Lenzburg zur Waldwohnstadt und die Lenzburg zur Waldburg. Im Wald sollen Kühe weiden und Menschen siedeln, denn der Wald ist mehr als Kohlenstoffspeicher. Er ist Garten, Futterraum für Kühe und Ort für Kinder, Sportlerinnen und Theaterleute. Seit 150 Jahren setzt das Waldgesetz scheinbar unverrückbare Grenzen – räumliche, soziale, politische. Das Gesetz sagt, dass im Wald keine Häuser gebaut werden dürfen. Der Bibergeil-Wald erweitert den heiligen Wald, indem er neue Waldlandschaften schafft, die klimatisch wirkungsvoll sind, in denen aber mehr getan werden soll, als das Waldgesetz vorsieht. Ein Schreckbild für die Förster – schon wieder belagert ein Begehren den Waldrand, das aus dem bedrängten Wald noch mehr Menschenwald machen will. GA

Landschaftsarchitekt Rainer Zulauf
will den Wald neu erfinden.

Bibergeil veranstaltete am 19. Juni für Klimaspuren
im Wald der Lägeren oberhalb von Wettingen zuerst eine Expedition
und dann ein Waldfest mit Belehrung,
Risotto, Würsten, Wein, Bier und Kaffee und Waldmusik mit der ‹Försterkapelle›.

Nach einer Etappe am 19. Juni über die Lägeren hörte Klimaspuren auf dem Buessberg oberhalb von Wettingen die Suite der ‹Försterkapelle› über das ‹Das lange und seltsame Leben des Johann Wilhelm Fortunat Coaz 1822–1918›.

Johann Wilhelm Fortunat Coaz:
«Nur was nützt, schützt»

«‹Jawohl, der weisse Mensch ist das Verderben der Schöpfung, er ist der Verwüster des Paradieses der Erde, und seine Schritte in dieses Paradies bezeichnet er mit Seuchen, Gift, Brand, Blut und Tränen.› So polterte mein Freund Paul Sarasin aus Basel, der Präsident des Schweizerischen Naturschutzbundes, am 17. November 1913 vor der 1. Weltnaturschutzkonferenz in Bern. 32 Delegierte aus 17 Ländern waren angereist und verabschiedeten das erste weltweit geltende Dokument zum Naturschutz – kein Staatsvertrag wie das Pariser Klimaabkommen hundert Jahre später, bloss eine unverbindliche Abmachung.

Ich war damals der Oberforstinspektor der Eidgenossenschaft, habe die Konferenz im Namen des Bundesrates eingefädelt und war der Schweizer Delegierte. In meiner Rede zog ich Bilanz über mein Leben und Werk. In meinen insgesamt gut 60 Jahren als Förster kehrte ich alles Mögliche vor, damit der Wald wirtschaftlich profitabel ausgebeutet werden kann – als Gemein-, nicht als Privatprofit. Ich bin sicher: Nur was nützt, schützt. Als Naturfreund, Alpinist und Forscher hatte ich ein gut geschultes Auge für die immensen Umweltzerstörungen der Industrialisierung – und ich weinte: Der Gebirgswald wurde im 19. Jahr-

hundert für die Städte, die Eisenbahn, die Bergwerke über weite Teile kahl geschlagen; Rehe, Hirsche, Steinböcke, Gämsen, Wildschweine, Biber, Fischotter waren praktisch ausgerottet – Wolf und Bär sowieso. In meinem Amt war ich neben dem Wald auch für Tiere, Pflanzen, Wasser und viel Strassenbau zuständig. Ich habe im werdenden Bundesstaat die Gesetze für den Wald, die Tiere, die Pflanzen und die Pilze geformt und teils geschrieben, die in Grundzügen heute noch gelten.

Eure Klimapolitik kann aus meinem Wirken drei Dinge lernen:
– Erstens: Freiwilligkeit, Appell und Glaube an Marktmechanismen nützen wenig; es braucht griffige Gesetze, die Klimaschutz so rigoros durchsetzen, wie wir im 19. Jahrhundert Wald-, Tier-, Pflanzen- und Wasserschutz durchgesetzt haben.
– Zweitens: Wichtig sind Bilder und der richtige Moment: Wir nutzten für unsere europaweit vorbildliche Forstpolitik der Schweiz im 19. Jahrhundert die Wassernot. Wir haben kühn behauptet, dass die Überschwemmungen des Mittellandes nur aufhören, wenn der Wald in den Quellgebieten seiner Flüsse nachwächst. Mit Knurren beschloss das Parlament 1876 ein Forstgesetz, das weit in die Eigentumsfreiheit und den Föderalismus eingegriffen hat und viel Geld aus dem Unterland in die Alpen spedierte, um mit Waldpflege die Wassernot zu lindern.
– Drittens: Als Ingenieur, Offizier und Erfinder der Lawinenverbauungen habe ich schon 1881 klargestellt, dass Ursachen zu bekämpfen sind und nicht Folgen zu mindern. Lest darum mein Buch über ‹Statistik und Verbau der Lawinen in den Alpen›, wo ich schrieb: ‹Schutzbauten gegen Lawinen waren mehr abwehrender Natur, man liess seinen Feind an sich herankommen, und erst vor dem Haus oder Stall suchte man seinen Angriff zurückzuschlagen. Endlich ging man radikaler vor, man begab sich an den Ursprung der Lawinen und verhinderte wenn möglich ihren Anbruch.› Übersetzt für euch Klimaschützer heisst das: Zuschläge auf Flugbillets sind gut, nicht mehr fliegen ist besser. Höhere Benzinpreise sind gut, mehr zu Fuss gehen ist besser. Zementwerke renovieren ist gut, mit Holz bauen ist besser. Und ja – eure Idee, mit Bäumen die aufgeheizte Stadt zu kühlen, hatte ich schon 1918, kurz vor meinem Tod: Ich liess in Chur die Ahornbäume fällen und Platanen pflanzen, denn die sind die besseren Schattenspender.» **Gedichtet: GA**

Wasserelend und Klimanot

Im Wasserschloss der Schweiz fliessen bei Brugg-Windisch im Kanton Aargau die Reuss und die Limmat in die Aare. Auf kurzer Strecke kommt hier das Wasser aus vierzig Prozent der Fläche der Schweiz zusammen. Auengehölze und struppige Wiesen prägen die wilde Flusslandschaft. Am Limmetspitz wartet Norbert Kräuchi, der Leiter der Abteilung Landschaft und Gewässer des Kantons Aargau. Seit Klimaspuren vor zwei Stunden in Baden losgezottelt ist, ist die unvorstellbare Menge von mehreren Milliarden Litern Wasser im Wasserschloss zusammengeflossen, jede Sekunde einige hundert Kubikmeter. Mehr als die Hälfte des Wassers bringt die Aare, gefolgt von der Reuss und von der Limmat.

Kräuchi berichtet, dass zwischen Bielersee und Rhein nur noch 16 Kilometer der Aare frei und ungestaut fliessen. Diese naturnahe Flussstrecke ist zu einem schönen Teil das Verdienst des Auenschutzparks Aargau, der mit einer Volksinitiative grossräumige Revitalisierungen entlang der Aare durchsetzte. Das sind Massnahmen erster Güte, um die Flussnatur an den Klimawandel anzupassen. So am Limmetspitz: Die harten Uferverbauungen sind verschwunden, ehemals intensiv genutztes Landwirtschaftsland bewirtschaften die Bauern heute nur noch extensiv. Entstanden ist ein Mosaik aus dynamischen Ufern, natürlichen Kiesbänken, jungen Weiden, seichten Tümpeln und dichtem Auenwald.

Was im Auenschutzpark an der Aare nicht zu sehen ist: Die Klimaerwärmung hat schwerwiegende Folgen für die Flüsse. In den vermehrt zu erwartenden trockenen Sommern können sie zu schmalen Rinnsalen verkommen. So erlebt im heissen Sommer 2018: Ausgetrocknete Bäche, rekordwarme Gewässer, Fischsterben, eingestellte Rheinschifffahrt, Probleme der Landwirtschaft mit der Bewässerung und tiefe Grundwasserspiegel, zeitweise sogar fehlendes Trinkwasser. Im Sommer 2021 dann Überschwemmungen und grosse Schäden. Eine besondere Wetterlage hatte in der Schweiz und in Nordwesteuropa zu lang anhaltenden, starken Niederschlägen geführt. Denn mit der Erwärmung nimmt die Luft mehr Wasser auf und die Atmosphäre wird feuchter.

Klimaspuren inspizierten zusammen mit acht Enten,
am 8. Juni den Wasserbau an der Venoge,
dem Fluss zwischen La Sarraz und Lausanne.

Die höheren Temperaturen führen dazu, dass sich die Gewässer im Sommer stärker erwärmen. So dürften Flüsse im Mittelland in künftigen Hitzesommern bis gegen dreissig Grad warm werden – ohne Klimaschutz könnten sie gar bis zu 5,5 Grad wärmer werden. Mit unabsehbaren Folgen für die Ökologie und eine Katastrophe für viele Fischarten. Die Forelle wird ihre angestammten Lebensräume verlieren und im Mittelland aussterben. In der Schweiz leben rund vier Fünftel aller bekannten Tier- und Pflanzenarten in Gewässern und in Ufer- und Auenlebensräumen.

Die frei fliessenden Flüsse bestimmten bis zur Mitte des 19. Jahrhunderts die Besiedelung der Schweiz. Das Hochwasser war eine harte Naturgefahr, ausgelöst immer wieder vom Kahlschlag der Wälder in den Alpen und Voralpen. Bald wurden für den Hochwasserschutz Flüsse und Bäche intensiv verbaut. Die Meliorationen von Rhein, Linth, Rhone und Aare waren unglaubliche wirtschaftliche und gesellschaftliche Kraftakte. Heerscharen von Arbeitern haben damals mehr oder weniger von Hand tausende Tonnen Erde und Steine bewegt. Die so aufgeschichteten Dämme und die aufwendigen Flussumleitungen milderten die Überschwemmungen. Die in ein Bett gezwängten Flüsse machten fruchtbares, ebenes Land frei und gaben den vielen verarmten Bauern

Die Mündung der Ill in den Rhein bei Meiningen in Vorarlberg.

An der Glatt bei Opfikon.

etwas Hoffnung auf eine erträglichere Zukunft. Auch der gesundheitliche Nutzen war gross. War im 19. Jahrhundert Malaria weit verbreitet, hat die Entsumpfung diese Krankheit stark zurückgedrängt.

Hunderte von Millionen Franken hatten Kanton, Bund und Private seit dem Jahr 1824 allein im Aargau in Dämme, Kanäle und Wehrbauten für Wasserkraftwerke investiert. Das waren grossartige Leistungen von Ingenieuren und Arbeitern. Doch was die Menschen gewannen, verlor die Natur. Innert 200 Jahren sind schweizweit 71 Prozent der Auenflächen verloren gegangen, im Aargau sogar 88 Prozent. Die verbliebene Auenfläche im Kanton betrug Ende der 1980er-Jahre noch etwa 600 Hektaren. Auch in anderen Regionen der Schweiz zerstörten Meliorationen die Lebensräume vieler Tiere und Pflanzen und vernichteten über Jahrtausende gewachsene ökologische Systeme. Im Mittelland haben heute rund vierzig Prozent der Fliessgewässer kaum mehr etwas mit ihrem ursprünglichen Zustand zu tun. 15 000 Kilometer Flüsse und Bäche sind kanalisiert, betoniert und zugebaut, das ist mehr als zwanzig Mal die Strecke, die Klimaspuren durch die Schweiz gewandert ist.

Mit dem Gewässerschutzgesetz von 1991 haben Bund und Kantone Generationenprojekte in Angriff genommen. Landauf, landab haben Arbeiten begonnen, um den Gewässern bis zum Jahr 2090 auf rund 4000 Kilometern Länge wieder Raum und Natürlichkeit zurückzugeben. Die Dämme werden aufgebrochen, und die Flüsse erhalten seitlich mehr Raum. So fliessen sie langsamer und treten nicht mehr über die Ufer. Dies ist ein wichtiger Aspekt angesichts der mit dem Klimawandel steigenden Hochwassergefahr. Landwirtschaftsland, das der Flussnatur im 19. Jahrhundert durch pharaonisch anmutende Meliorationen abgerungen wurde, wird nur noch extensiv bewirtschaftet oder als Schutzgebiete ganz der Natur zurückgegeben.

Ökologische Sanierungen und Renaturierungen mit grösseren Restwassermengen sollen das Leben im Wasser widerstandsfähiger machen gegen die Folgen des Klimawandels. Am Alpenrhein hat Klimaspuren gesehen, wie der Fluss dank der Aufweitung seines Bettes einen Teil der natürlichen Dynamik zurückerhalten hat. Die Ufer der Glatt bei Zürich säumen wieder Bäume, die an Hitzetagen Schatten spenden. An der Emme zwischen Solothurn und Burgdorf sind wir durch Flusslandschaften mit natürlichen Auenwäldern und Kiesbänken gewandert, auf denen die Vögel nisten und hunderte Kleintiere leben. Und auch entlang

Am 20. Juni erläuterte Norbert Kräuchi, Leiter der Abteilung Landschaft und Gewässer des Kantons Aargau, am Limmetspitz, wie die Aare an die Folgen des Klimawandels angepasst wird. Wie der Mensch die Natur an die Flüsse zurückkehren lässt, sah die Klimaspuren-Gruppe auch am Alpenrhein, an der Glatt, Emme und Venoge.

der Venoge in der Waadt wanderte Klimaspuren über einen renaturierten Altlauf als Teil der geplanten, umfassenden Revitalisierung. Ob das reicht? Vielerorts sind Pläne für die Renaturierung blockiert, weil die Bauern nicht bereit sind, ihr Land dafür herzugeben. Und das Jahr 2090 ist noch weit weg. Klimaschutz aber ist das Gebot der Stunde.

Zum Abschluss ihrer Wanderung tauchte die Klimaspuren-Gruppe ihre Füsse in den Genfersee. Kurz danach kam der grosse Regen. Und das Fernsehen zeigte die Bilder der hochgehenden Aare mit ihren überschwemmten Ufern. Das Wasserschloss bei Brugg stand grossflächig unter Wasser. Vom Limmetspitz war nichts mehr zu sehen. Auch der Bielersee war über die Ufer getreten, die Behörden mussten die höchste Warnstufe ausrufen. In der ganzen Schweiz war die Lage angespannt, in anderen Ländern West- und Mitteleuropas war sie noch dramatischer. In Deutschland, Belgien und den Niederlanden zerstörte das Hochwasser Häuser und Verkehrswege, viele Menschen kamen ums Leben. DS

Wunden lecken, auf die Gletscher-Initiative hoffen

Das Hörnli ist der Übergang vom Hinterthurgau ins Zürcher Oberland. Vor dem Berg war für Klimaspuren und die Klimapolitik der Schweiz alles noch anders als nach ihm, denn just auf dem Gipfel kamen die ersten Nachrichten vom Abstimmungssonntag am 13. Juni bei Klimaspuren an: Die Schweizerinnen und Schweizer haben das CO_2-Gesetz mit 51,6 Prozent abgelehnt. Unterwegs nach Genf wanderte die Frage mit: «Was nun?» Der kleine Trost: In den Kantonen laufen Gesetzesvorhaben, die Öl, Gas und Kohle verdrängen werden; in den Städten gehen Initiativen den fossilen Brenn- und Treibstoffen ebenso an den Kragen, wie sie die Mobilität und das Bauen verändern wollen. In der Schweiz aber herrscht Schockstarre. Wohl trösten sich alle, dass die Mehrheit nicht will, dass der Klimawandel die Welt untergehen lässt, aber ein politisch tragfähiges Projekt gibt es nicht.

Einen Ausweg zeigt die Gletscher-Initiative, die ein breit abgestütztes Komitee im November 2019 eingereicht hat. Sie fordert bis spätestens 2050 die Verankerung des Ausstiegs aus den fossilen Energien in der Bundesverfassung; dies mit einem mindestens linearen Absenkpfad der Treibhausgasemissionen auf ‹Netto Null›. Der Bundesrat hat mit einem unverbindlichen direkten Gegenvorschlag reagiert, und das Parlament prüft einen indirekten Gegenvorschlag, der den Klimaschutz auf Gesetzesebene verankern will. Eine Abstimmung über diese Vorlagen wird voraussichtlich 2023 stattfinden.

Offensichtlich sind die Vorzüge der Gletscher-Initiative gegenüber dem gescheiterten CO_2-Gesetz: Sie erzählt, ausgehend von den schwindenden Gletschern, eine Geschichte, die viele Menschen begreifen; sie nimmt von den fossilen Energien Abschied und fordert soziale Verträglichkeit. Aber einmal angenommen, wäre noch nichts gewonnen. Es braucht zu einem Verfassungsartikel auch ein Klimaschutzgesetz, und so wird Klimaspuren seinen zehnten Geburtstag feiern, bis dieses zu greifen begänne – viel zu spät. GA

Am 22. Juni luden der Verein Klimaschutz Schweiz und Klimaspuren zu einer Politrunde ins Naturama in Aarau. Unteres Bild (v.l.n.r.): Kurt Egger, Nationalrat Grüne, Irmi Seidl von der Forschungsanstalt WSL, Myriam Roth von der Gletscher-Initiative (am Mikrofon), Ruedi Noser, FDP-Ständerat, und Gabriela Suter, SP-Nationalrätin (verdeckt), leckten die Wunden wegen des verlorenen CO_2-Gesetzes und schürten Hoffnung auf die Gletscher-Initiative.

Im Zementland

Die Gisliflue ist ein Postkartenberg erster Ordnung, von weither bereits erblickt man den sanften, weiten Höhenzug – wir sind im Aargauer Jura, lange Wege ohne einen Brunnen, wir sind im Kalkland. Das wussten auch die Zementpioniere und bauten vor 150 Jahren ihre Fabriken in Holderbank, Aarau und Wildegg. Dort faucht, rumort und lärmt heute noch Jura Cement. Sie holen den für ihre Fabrik nötigen Kalkstein aus den Hügeln hinter Wildegg und Auenstein – die Wunden in der Landschaft sind gigantisch. Wer durch die Steinbrüche wandert, sieht die eindrückliche Veränderung als Hohlspiegel der betonierten Schweiz. Lastwagen und Züge fahren den Zement im Land herum, andere Lastwagen und Züge karren Aushub herbei. So liegt der des Gubrist-Tunnels von der Autobahn bei Zürich nun im Jura hinter Wildegg und füllt die Landschaftslöcher auf. Die über Millionen Jahre gewachsene Landschaft mit ihren Steinen, Pflanzen und Tieren aber ist vernichtet worden, und Landschaftsarchitekten bauen ihre zeitgenössischen Naturlandschaften in die Wunden.

    Bald will Jura Cement auch die Gisliflue weiter abbauen. Ein seit vielen Jahren erprobtes Abkommen zwischen dem Kanton, den Dörfern und der Zementwirtschaft klingt für alle Seiten vorteilhaft: Die Fabriken können den Rohstoff für den Zement ausbeuten, die Gemeinden erhalten Abgaben. Studien zur Umweltverträglichkeit werden den Abbau bremsen, aber nicht stoppen – besser möglich würde dies, wenn die Gisliflue ins Inventar der Landschaften und Naturdenkmäler von nationaler Bedeutung käme, so wie ihre Nachbarn, der Aargauer Falten- und der Baselbieter Tafeljura.

    Zerstörte Landschaft und Umweltlasten aus der Produktion sind ein grosses Problem der Zementindustrie. Einerseits setzt die Calzinierung der Kalksteine für den Zement CO_2 frei; andererseits heizen tausende Tonnen Pneus, Klärschlamm oder Plastik die Zementöfen. Das

Die Kalkberge im Jura zwischen Wildegg und Aarau sind seit über einem Jahrhundert eine intensiv von der Zementwirtschaft genutzte Landschaft. Klimaspuren war am 21. Juni auf der Gisliflue zur Inspektion des Berges, dessen einer Teil gelegentlich Zement werden soll.

spart zwar CO_2 aus Erdgas und Öl, aber sorgt für Dioxine, Quecksilber, Benzole und anderes Gift. So stiess das Zementwerk Untervaz 2019 bei zwei von vier Kontrollmessungen mehr Dioxine aus als erlaubt. Doch eine Anlage, die die Abgase reinigt, kostet. Der Bundesrat hat zwar im Oktober 2021 die Luftreinhalteverordnung revidiert. Für Zementwerke gelten nun ähnlich strenge Grenzwerte wie in Deutschland. Aber die letzte der sechs Schweizer Zementfabriken muss erst 2032 umgerüstet sein. In Beckum-Kollenbach in Norddeutschland baute der Zementkonzern Holcim sein Werk schon um, in der Schweiz spart er mit Trödeln viel Geld. Bezahlen könnte er die Umwelttechnik aus der Portokasse, denn Holcims Jahresgewinn betrug 2020 3,6 Milliarden Franken vor Steuern. Immerhin: Die Jura-Cement-Fabrik von Wildegg lässt nun für rund 15 Millionen Franken als erste in der Schweiz eine Anlage einbauen, die heikle organische Gase bei 850 Grad verbrennt, bevor sie zur giftigen Wolke werden. GA

Heini Glauser ist ein Urgestein im Kampf für die Umwelt.
Der Architekt und Energieingenieur kämpft seit 50 Jahren gegen Atomkraftwerke
und ist heute ein fantasievoller Aktivist für die Klimavernunft. Er begleitete
Klimaspuren auf mehreren Etappen und sprach am 23. Juni, unterwegs von Aarau
nach Olten, über die Wasserkraft der Aare und über die Geschichte
der Kämpfe um das AKW Gösgen.

Heini Glauser: «Weltweit nehmen die erneuerbaren Energien stark zu, die Atomenergie stagniert»

«Seit bald fünfzig Jahren setze ich mich für eine sozial gerechtere Gesellschaft und einen vernünftigen Umgang mit Energie ein. Ich bin in Basel in einem gesellschaftlich wachen Haushalt aufgewachsen. Soziale und ökologische Fragen waren wichtig. Die Eltern wanderten mit uns Kindern hinaus aufs Land und in die Berge. Der Geologenhammer meines Vaters gehörte zu jeder Tour, unermüdlich erklärte er uns die Besonderheiten der Natur. Das hat mich geprägt. Nach der Lehre und dem Technikum arbeitete ich als Entwicklungshelfer in Kamerun, später im Architekturbüro Metron und schliesslich als selbstständiger Architekt und Energieingenieur. Daneben hat ein wichtiger Teil meines Lebens dem Kampf gegen die AKWs gegolten.

Eine meiner Leidenschaften ist es, Statistiken über Wasser und Wetter, Energie- und CO_2-Zahlen zusammenzustellen. Dafür sammle ich alle Daten, die mir in die Hände kommen. So zum Beispiel die Wasserstände der Aare, an der ich wohne. Ein alter Pegel in Brugg zeigt die Aare-Hochwasser aus den Jahren 1711 und 1852 an, die so hoch waren, dass sie heute das AKW Beznau überschwemmen würden. Doch in den Sicherheitsanalysen des Eidgenössischen Nuklearsicherheitsinspektorats (Ensi) wird mit geringeren Wasserpegeln gerechnet. Das ist gefährlich! Vor zehn Jahren haben wir vor dem Ensi in Brugg die Mahnwache gegründet. Ich stehe da regelmässig, denn das ist eine meiner Herzensangelegenheiten. Wir fordern eine Behörde, die ihre Aufsichtspflicht ernsthaft wahrnimmt, und nicht eine, die als Anwältin der Atomwirtschaft agiert.

Gegen die Atomenergie wurde ich sensibilisiert, als ich 1972 bis 1975 am Technikum in Muttenz Architektur studierte. Zuerst glaubte ich, ein Atomkraftwerk sei besser als ein Kohlekraftwerk in Pratteln. Am Technikum organisierten Studierende Hearings mit den AKW-Planern und kritischen Experten. Die AKW-Vertreter wollten lediglich ihr Projekt verkaufen; auf unsere Fragen gab es Standardantworten und die regelmässige Beteuerung, alles sei technisch machbar. Am Ende waren die meisten Studierenden gegen die Atomenergie. Auch ich war unter den Tausenden, die 1975 das Baugelände besetzten und gegen den Bau des Atommeilers demonstrierten. So ist es uns gelungen, Kaiseraugst zu verhindern.

15 Jahre später engagierte ich mich in der Schweizerischen Energie-Stiftung SES. Die Präsidentin war die grüne Nationalrätin Rosmarie Bär; sie war die Politikerin, ich brachte das Fachwissen ein. Mir wurde aber rasch bewusst, dass es in der Energiepolitik nicht in erster Linie um fachliche Fragen ging, sondern um politische. Schon damals war es uns nicht nur wichtig, Energie effizient zu nutzen und Solarenergie zu erzeugen, sondern es standen grundsätzliche Fragen der Gesellschafts- und Wirtschaftssystems zur Debatte. Heute wird das, was wir schon lange wissen, sicht- und spürbare Realität.

2011 entschied der Bundesrat, aus der Atomenergie auszusteigen. Das war und bleibt für mich sensationell. Dass man nun aber die alten AKWs so lange laufen lassen will, wie diese sicher sein sollen, ist absurd. Kein AKW ist sicher und schon gar nicht Beznau. Mit seinen über fünfzig Jahren ist es das älteste AKW auf der ganzen Welt. Es wird noch massiven Druck brauchen, bis dieses und alle anderen AKWs abgestellt sind. Aufschwung erhält die Atomlobby neuerdings mit dem Argument, der Atomstrom helfe, das Klima zu schützen. Ich kenne das schon von früher, als Naturschützer hofften, dank der AKWs könnten die Flüsse und Berge vor neuen Wasserkraftwerken geschützt werden. Damals wie heute ist das Gegenteil der Fall. Ganz abgesehen davon, dass der Betrieb der AKWs nur bedingt beherrschbar ist, es keine Lösung für die radioaktiven Abfälle gibt und dass weltweit ganze Landstriche durch die Uranförderung zerstört und verstrahlt werden.

Aus meiner Sicht fegen vorab die Stromkonzerne mit ihren Grosstechnologien sinnvolle Energiealternativen immer wieder vom Tisch. Dabei lieferte die Sonne mehr als genug Energie, und der Solarstrom ist die günstigste Form der Energieproduktion. Doch bis heute setzen die Grossen wie Alpiq, Axpo und BKW viel daran, dass sich in der Schweiz eine dezentrale Nutzung der erneuerbaren Energien nicht durchsetzen kann. Und seit Jahrzehnten helfen die bürgerliche Mehrheit in Bern und das Bundesamt für Energie den Stromkonzernen. Nicht zuletzt darum ist die Schweiz, die einst in der Solarenergie führend war, heute im internationalen Vergleich ein Schlusslicht.

Die weltweite Fridays-for-Future-Bewegung fordert ‹Netto Null› für das Jahr 2030 – und die Wissenschaft bestätigt, wie nötig diese Forderung ist. Ich werde dann 78 Jahre alt sein und hoffe, dass ich eine klimavernünftige Welt noch erleben kann. Aber so, wie wir heute leben, werde ich das nicht schaffen. Ich erinnere an die Umweltkonferenz von Rio im Jahre 1992, da ging es schon um die drohende Klimakatastrophe. Seither haben wir die in der Atmosphäre abgelagerten Treibhausgase verdoppelt. Ich habe aber auch Hoffnung. Weltweit nehmen die erneuerbaren Energien stark zu. Es gibt breite Volksbewegungen, es wird viel und gut für den Klimaschutz geforscht. Wenn es uns gelingt, eine Koalition der Vernünftigen und Willigen zu schmieden, dann erhält die Klimapolitik das nötige Gewicht – für eine solare Schweiz mit einer vorwiegend dezentralen Energieversorgung. Für vollends stillgelegte AKWs und ohne neue Stauseen in den Bergen. Und für einen Lebensstil, der sich auf ein weltverträgliches Niveau einpendelt.»

Wanderidylle mit Kühlturm des AKW Gösgen.

Mirjam Kupferschmid und Rahel Dürmüller: «Baue mit dem, was schon gebaut ist»

«Die Kantonsschule auf dem Hügel über Olten haben Marc Funk und Hans-Ulrich Fuhrimann in den 1960er-Jahren gebaut. Dieser Betonberg ist ein Leitstern der späten Moderne aus der Zeit nach dem Zweiten Weltkrieg im Kanton Solothurn. In seinem Bestand steckt unglaublich viel graue Energie. Ein grosser Teil dieser Ressourcen ginge bei einem Abriss verloren. Wir gehören zu Countdown 2030. Das ist eine Gruppe Architektinnen und Architekten, die die Auswirkungen ihres beruflichen Handelns auf den Klimawandel aufzeigen. Wir haben in einem Postkarten-Set 27 Hebel zum klimavernünftigen Planen und Bauen zusammengefasst. Auf der Postkarte über das zukunftsfähige Haus steht: Vermeide Abriss. Dank des Umbaus anstatt Neubaus der Kantonsschule können die Struktur und die Bauteile, in denen viel Material und graue Energie steckt, weiterverwendet werden.

Ebenso gilt: Nutze Dachflächen. Denn sie können zur Energieproduktion genutzt werden, den Wohnraum erweitern oder dank Begrünung die Biodiversität fördern und die Hitze mindern. Bei der Kantonsschule bilden die Dächer der unteren Baukörper Terrassen: Orte der Begegnung für die Schülerinnen und Schüler. Auf den Terrassen werden neue Aussenschulräume entstehen. Man hätte noch einen Schritt weiter gehen können: Mit Bepflanzungen und Pergolen würden die Terrassen zu einem angenehmen Aufenthaltsort. Zum klimavernünftigen Haus sagen wir ferner: Repariere, statt zu ersetzen. Beim Schulhaus haben die Handwerker die Fassadenelemente vor Ort abgebaut, gereinigt und wenn nötig repariert. Und es zeigt sich hier auch der Sinn einer weiteren Forderung: Bevorzuge die Vorfabrikation. Die Elemente liessen sich so leichter sanieren, als wenn sie vor Ort

Mirjam Kupferschmid (u.l.) und Rahel Dürmüller (u.r.) sind Architektinnen aus Basel. Sie gehören zum Kollektiv ‹Countdown 2030› und empfingen Klimaspuren nach einem heissen Wandertag von Aarau nach Olten am 23. Juni beim Betonkoloss der Kantonsschule auf einer Anhöhe über dem Städtchen. Nach der Belehrung, wie ein solcher Koloss renoviert werden kann, anstatt ihn abzureissen, wanderten alle zu Oltens Wahrzeichen, der Holzbrücke über die Aare, die ein Beispiel für klimavernünftiges Konstruieren ist.

als Unikate gebaut worden wären. Dadurch und durch die Standardisierung werden Details optimiert, es entsteht weniger Abfall durch Verschnitt und Verpackung, und die Möglichkeit der Weiterverwendung ist eher gegeben.

Auf die Frage ‹Wie planen wir zukunftsfähige Städte?› antworten wir: Verwende Strukturen weiter. Dichte Städte und Quartiere sind die Voraussetzung für einen sparsamen Umgang mit dem Boden, den Finanzmitteln und der Energie. Dies bedeutet nicht, dass alle alten Häuser ersetzt werden müssen. Die Auseinandersetzung mit dem, was schon da ist, hat eine historische, soziale, wirtschaftliche und vor allem eine ökologische Komponente. Neue Quartiere sollten auf den vorhandenen Strukturen aufgebaut werden, und auch bestehende Gebäude finden darin ihren Platz. An solchen Orten wird das Spannungsfeld sichtbar, in dem wir die Hebel bewegen: Einerseits müssen Quartiere verdichtet werden, um mehr Wohn- und Lebensraum zu schaffen, andererseits sollen möglichst viel bestehende Strukturen erhalten bleiben, damit die darin gespeicherte graue Energie nicht verloren geht.

Für die klimavernünftige Stadt können wir uns einer aktuellen Forderung anschliessen: Plane autofrei, denn Parkplätze und Strassen sind als öffentlicher Raum nicht nutzbar. Je weniger Autos, umso sicherer wird die Stadt, insbesondere für Kinder und Menschen mit Handicap, und die Bewegungsfreiheit aller Bewohnerinnen nimmt zu. Anstelle des Parkplatzes könnte am Rand von Oltens Altstadt, in unmittelbarer Umgebung der Aare, ein biodiverser öffentlicher Raum entstehen. Also sagen wir auch: Begrüne Aussenräume. Fehlende Beschattung ist einer der Hauptgründe für die Entstehung von Hitzeinseln. Versiegelte Böden und die städtische Bausubstanz speichern die Wärmeenergie des Tages und wirken der nächtlichen Auskühlung entgegen. Bäume pflanzen und Flächen entsiegeln erhöhen die Biodiversität im Siedlungsraum und sind ein wirksame Mittel, um beschattete Räume zu schaffen und nachts die Temperaturen zu reduzieren.

Wir kümmern uns als Architektinnen um das Haus und die Stadt und fragen in Countdown also auch: Wie konstruieren wir zukunftsfähige Details? Wir fordern für die Konstruktion: Nutze ressourcenschonende Baustoffe. Ein Oltener Wahrzeichen ist die prächtige alte Holzbrücke über die Aare. Sie zeigt, dass Holz ein langlebiger Baustoff ist, der wiederverwendet oder recycelt werden kann. Das Brückenholz

Die Architektinnen Rahel Dürrmüller und Mirjam Kupferschmid loben die verdichtete Bauweise in Oltens Altstadt als Beispiel für klimavernünftige Architektur.

ist nicht aufwendig verleimt worden wie das heutige Bauholz. Daraus folgt: Plane kreislauffähig. Die Brückenbauteile sind mit Zimmermannsverbindungen gefügt. So können sie einzeln ersetzt werden, etwa solche, die stärker belastet werden, oder – wie neulich – jene, die von einem Feuer angekohlt worden sind. Die Reparatur-, Anpassungs- und Rückbaufähigkeit von Gebäuden muss aber von allem Anfang an geplant werden.

Bauen ist handfest, doch es gilt: Klimavernünftige Planung ist auch unsichtbar. Olten hat im Jahr 2004 das Label ‹Energiestadt› erhalten und prüft nun ‹Netto Null›. Dies sind politische Massnahmen, die zu einer deutlichen Reduktion von CO_2-Emissionen ebenso viel beitragen wie die handfeste Arbeit der Bauleute.»

In Olten besichtigte Klimaspuren die Ausstellung ‹Dere schöne Aare naa›, die Klimawandel auf so heitere Weise kommentiert wie die Skulptur ‹Fruchtexpress Zürich–Schlieren› des Künstlerinnenkollektivs Mickry 3.

Rolls-Royce – ein philosophisch-moralisches Capriccio

Drei der vier Evangelisten warnen in der Bibel: «Eher geht ein Kamel durch ein Nadelöhr, als dass ein Reicher in das Reich Gottes gelangt.» Das aber war den Reichen schon zur Zeit der Evangelisten so egal, wie es ihnen heute ist. Zudem fahren sie mit den 600 PS ihres Rolls-Royce eh nicht gerne durch Nadelöhre. Und so weht die Klimaspuren-Fahne über diesem Rolls-Royce. Denn damit die Welt besser wird, braucht es ab und zu auch Klage: «Wehe uns, der Reichtum der wenigen frisst die Welt der vielen.» Von den Philosophen hat Klimaspuren denn auch gelernt: ‹Nomine sunt ante rem›: Die Zeichen stehen über dem Ding. Der antikisierende Kühlergrill stellt die Macht und Arroganz derer dar, die die Wälder vernichten, die Erde ausbeuten, die Menschen knechten und die wenigen alles statt allen genug zugestehen wollen.

Doch das melancholische Lächeln der Klimaspurer weiss: Im Weltmassstab wohnen die Rolls-Royce-Fahrer in der Schweiz. Und so setzt Klimapolitik mit zwei Zangen an: Die eine stoppt den luxuriösen Karren, zu Fuss gehen ist moralische Schönheit schlechthin. Die andere fitzt die Lebens- und Konsumform des luxuriösen Landes, denn die Welt kann den Schweizer Rolls-Royce schon lange nicht mehr ertragen. GA

Dominik Siegrist und Johann Wey schwenken vergnügt die Klimaspuren-Fahne über dem Rolls-Royce, der am 23. Juni am Wegrand auf Klimaspuren gewartet hat.

Veronika Röthlisberger: «Die Buchen sterben massenweise ab, besonders die grossen, majestätischen»

«Mit oder ohne Klimawandel: Der Wald ist ein lebendiges System und verändert sich ständig. Absterbende Bäume gehören dazu. Und von denen hats rund um Olten grad recht viele. Ob dürr oder noch grün, wir nehmen aus unseren Wäldern so wenig Holz wie seit Jahrhunderten nicht mehr. Denn zurzeit ist es rentabler, das Holz in Ländern mit tiefen Löhnen und schwachem Umweltschutz zu schlagen und dann rund um den Globus zu schicken. Wir transportieren viel, weit und schnell. Gestern bestellt, heute da. Käfer, Pilze und Viren aus fernen Landen gibts gratis dazu. Zu schnell und zu viel für manche unserer Bäume. Seit kurzem bringt ein Pilz aus Ostasien die Oltner Eschen zum Welken. Die Buchen blieben bis jetzt von Pandemien verschont. Trotzdem sterben auch sie nun massenweise ab, besonders die grossen, majestätischen. Eine andere Erklärung als die sommerlichen Dürren der letzten Jahre habe ich nicht. Doch es gibt auch Bäume, die das aushalten. Die dornige Robinie etwa oder die krüpplige Flaumeiche. Aber auch Edelkastanie und Spitzahorn. Wir Forstleute tun, was wir seit Generationen tun: für die Zukunft vielversprechende Arten fördern, auch mal Neuartiges pflanzen, die Verlierer raushauen.

Veronika Röthlisberger ist Kreisförsterin in Solothurn.
Sie führte Klimaspuren am 24. Juni von Olten
durch einen ihrer Wälder auf den Rumpel,
wo sich alle auf die Suche nach dem Stilzchen machten.

Mit Wald das Klima retten? Ja, warum nicht. Im Schweizer Mittelland denke ich da aber nicht an Aufforstungen. Das Rodungsverbot einhalten würde mir bereits genügen – im alltäglichen Dichtestress eingeklemmt zwischen systemrelevanten Infrastrukturen und Einfamilienhausgürteln voller Neophyten und automobiler Naturliebhaber verkommt der Wald zum Hindernis. Er steht Fortschritt und Wohlstand im Weg, passt nicht ins Bild der Landliebe-Magazine. Muss weichen. Und darum heisst Klimaschutz mit Wald: die Fläche halten, im fernen Amazonas und vor der eigenen Haustüre, und Holz von hier nutzen. Mit jedem Balken, den wir verbauen, entziehen wir der Atmosphäre dauerhaft ein paar Kilo CO_2.»

Gemeindepräsident Hector Herzig (links) und Gemeinderat Hans Weber empfingen Klimaspuren am 24. Juni im Ökozentrum Langenbruck und berichteten über die Klima- und Umweltprojekte ihrer Gemeinde.

Langenbruck und sein grüner Hügel

Langenbruck, 1979. Europaweit blühen die Umweltbewegungen auf. In der kleinen basellandschaftlichen Gemeinde gründen drei Pioniere das ‹Zentrum für angepasste Technologie und Sozialökologie›. Sie wollen erneuerbare Energien und neue Technologien für den Umwelt- und Klimaschutz erforschen und anwenden. Das Ökozentrum Langenbruck – wie die junge Denkschmiede schon bald heisst – spezialisiert sich unter anderem auf Energiesparen, Elektromobilität, dezentrale und intelligente Stromproduktion, alles Themen, die heute, vierzig Jahre später, noch aktuell sind. Der grünliberale Langenbrucker Gemeindepräsident Hector Herzig erinnert sich, wie damals manche seiner Mitbürger über die «Ökospinner da oben auf dem grünen Hügel» schimpften. Die Gebäude des Ökozentrums und die Wohnhäuser für Mitarbeiterinnen und Mitarbeiter liegen nämlich auf einer Anhöhe oberhalb des Dorfes. «Aber heute sind die Leute vom Ökozentrum im Dorf voll integriert und akzeptiert», betont Herzig. Ehemalige Mitarbeitende engagieren sich in der Gemeinde, wie der 2020 in den Gemeinderat gewählte Kulturingenieur Hans Weber von der Grünen Partei: «Das Ökozentrum hat sicher seinen Anteil daran, dass Langenbruck heute deutlich ökologischer tickt als umliegende Gemeinden.» Vierzig Jahre nach der Gründung wirkt die

Institution nicht nur auf nationaler und internationaler Ebene, sondern vermehrt auch im Ort. Doch Hans Weber stellt auch klar, dass Langenbruck keine Ökogemeinde ist: «Da liegt noch ein langer Weg vor uns. Aber ich finde es schön, dass wir Projekte aufgleisen können. Flächendeckend Tempo 30 im Dorf, einen zweiten Wärmeverbund mit Pflanzenkohlenanlage, eine neue Kommission Natur- und Landschaft.»

Besonders die klimafreundliche Überbauung auf dem Gärbi-Areal ist ihm ein Herzensanliegen. Auf der Wiese mitten im Dorf weiden heute noch die Kühe. Hier plant die Gemeinde gemeinsam mit Privaten ein durchmischtes Quartier mit Mehrfamilienhäusern, Freiräumen und Gewerbeflächen. Es wird hohen ökologischen und sozialen Ansprüchen genügen: Holzfeuerung, Fotovoltaik und Wärmepumpen sind Pflicht. Ob im ländlichen Langenbruck eine verkehrsarme Siedlung möglich ist, wird noch geprüft. Doch Ladestationen für Elektroautos gehören zur Standardeinrichtung, eine Haltestelle für das Postauto gibt es. «Die Nachfrage nach solchen Wohnungen ist da. Das Projekt hat eine gute Ausstrahlung, es wird Leute anziehen, durchaus auch Besserverdienende», ist sich Gemeindepräsident Hector Herzig sicher. Und Gemeinderat Hans Weber meint: «Es gibt in den Städten ja schon viele solcher klimafreundlicher Wohnprojekte, warum soll es sie nicht auch bei uns auf dem Land geben?» Das Gärbi-Projekt wird der Gemeinde ein neues, grünes Gesicht geben. Dazu passt das Vorhaben, im ganzen Ort Tempo 30 einzuführen. Heute zerschneidet es die Kantonsstrasse, Autos und Lastwagen brausen zwischen den Häusern hindurch, an der engsten Stelle kommt es immer wieder zu gefährlichen Situationen. Mit der Temporeduktion wird dieses Problem entschärft werden. Und die Lebensqualität wird deutlich gewinnen. Vom Regierungsrat gibt es positive Signale. Läuft alles rund, kann sich Langenbruck schon bald über eine der ersten Kantonsstrassen in Baselland mit Tempo 30 freuen.

Der Gemeindepräsident ist überzeugt: «Wenn wir in der Klimapolitik vorwärtskommen wollen, braucht es in der Exekutive grün denkende Leute. Denn die öffentliche Hand ist ein Vorbild, und sie kann im privaten Bereich etwas auslösen.» Herzig will eine ambitionierte Klimapolitik für seine Gemeinde: «Grosse Ziele sind immer gut, mit durchschnittlichen Zielen erreichen wir nicht, was uns vorschwebt. Mit dem deklarierten Ziel ‹Netto Null› CO_2-Ausstoss bis 2040 können wir uns auch im Hinblick auf unsere Projekte profilieren.» DS

Klimaschutz auf dem Holzweg

Der Jurawald zwischen Holderbank und Balsthal ist Teil des Naturparks Thal. Die Fichten verbreiten einen harzigen Duft, in ihrem Schatten ist es angenehm kühl. Auf einer kleinen Lichtung führen zwischen den Bäumen steile Brettertreppen zu hölzernen Plattformen hinauf, schwankende Brücken mit Planken und Seilen verbinden diese in schwindelnder Höhe – diese Installation ist ein Teil des ‹Holzwegs› im Naturpark Thal. Die Parkarbeiter haben sie zusammen mit dem Holzhandwerk und den Gemeinden Balsthal und Holderbank gebaut. Naturnah und klimafreundlich, mit Holz aus der Region. Darunter, auf dem Boden, leuchtet eine andere Installation aus Tannzapfen, Moospölsterchen, Blättern und Gräsern in allen Farben. In Einerreihe aufgestellt bestaunen Kindergärtler ihr kleines Kunstwerk, bevor sie es beschreiten. Weich, hart; feucht, trocken; spitzig, moosig – barfuss spüren sie den Boden. DS

Im Naturpark Thal lernen Kinder und Erwachsene, wie der Wald und das Klima zusammenhängen und welche Bedeutung Wald und Holz für unser und des Feuersalamanders Leben haben. Klimaspuren war am 25. Juni auf dem Holzweg Thal unterwegs.

Lisa Hämmerli, Co-Präsidentin des Vereins KlimaGlarus.ch, wanderte am 27. Juni von Solothurn nach Burgdorf auf Klimaspuren mit.

Lisa Hämmerli: «Da fing der Regierungsrat Feuer»

«Ich bin Lisa Hämmerli und komme aus dem Glarnerland. Ich habe Umweltwissenschaften studiert und arbeite jetzt bei einem kleinen Ingenieurbüro in der Region Bern. Wir planen Kiesgruben und Deponien. 2019 erreichte die Klimabewegung den Kanton Glarus. Seither engagiere ich mich stark für den Klimaschutz. Die Klimagerechtigkeit liegt mir besonders am Herzen. Mit unserem Lebensstil in der Schweiz leben wir auf Kosten von Menschen anderswo in der Welt. Das muss sich ändern. Dafür will ich Verantwortung übernehmen. Dort, wo ich selber etwas verändern kann.

    Zur ersten Klimademo in Glarus kamen über hundert Leute. Das ist viel für einen Kanton mit 40 000 Einwohnerinnen und Einwohnern. Weitere Kundgebungen folgten. Den Vortrag von Professor Thomas Stocker in der vollen Aula der Kantonsschule hörten rund 500 Glarnerinnen und Glarner. Im Vorfeld hatten wir an siebzig

Politikerinnen und Politiker Einladungen verschickt, alle von Hand geschrieben. Stocker kam danach zu einem weiteren Treffen nach Glarus. Da fing der zuständige Regierungsrat Feuer. Nach dem Treffen wollte er von uns wissen, was der Kanton für den Klimaschutz tun könne. Die Klimabewegung Glarus organisierte Workshops und Treffen, arbeitete detaillierte Vorschläge aus. Ich habe den Eindruck, dass unsere Arbeit bei der Regierung etwas bewirkt hat.

Dann kam im September 2021 die Landsgemeinde. Wegen Corona musste sie vorher zweimal verschoben werden. Unser Ziel war es, den Entwurf des Kantons für ein neues Energiegesetz zu verschärfen. Bereits im Vorfeld der Landsgemeinde hatten wir uns mit den Parteien abgesprochen. Ausser mit der SVP, von der wir wussten, dass sie die Vorlage abschwächen wollte. Die Materie war komplex, doch mit der Hilfe von Fachleuten gelang es uns, einwandfreie Anträge vorzubereiten. Wir mobilisierten mit einem fünfminütigen Video auf Social Media, etwa 10 000 haben es angeklickt. An der Landsgemeinde sprachen engagierte Rednerinnen und Redner. Wichtig war das Votum von Marianne Dürst, der ehemaligen FDP-Regierungsrätin. Das Überraschungsmoment war gross, als sie sich auf dem Ring dafür einsetzte, das Energiegesetz zu verschärfen.

Die Landsgemeinde stimmte zuerst über die Vorlage von Landrat und Regierungsrat ab. Das neue Energiegesetz erhielt eine klare Mehrheit. Unsere Anträge zur Verschärfung erreichten anschliessend noch eine knappe Mehrheit. An der Landsgemeinde werden die Stimmen nicht ausgezählt, sondern abgeschätzt. Marianne Lienhard, sie war die zuständige Frau Landammann, entschied zu unseren Gunsten, das überraschte mich. Es gilt aber als ungeschriebenes Gesetz, dass knappe Abstimmungsergebnisse zugunsten des Volkes ausgelegt werden. Mit dem neuen Gesetz sind im Kanton Glarus bei Neubauten fossile Heizungen verboten. Ausgenommen sind Anschlüsse an Fernwärmenetze wie jenes der Kehrichtverbrennungsanlage in Niederurnen.

Ich denke, dass in den nächsten zehn bis zwanzig Jahren einige Länder die Klimaneutralität schaffen werden. Ich befürchte, dass die Schweiz nicht darunter sein wird. Bestenfalls wird sie irgendwo im Mittelfeld liegen. Aber einzelne Regionen unseres Landes könnten es hinkriegen, auch das Glarnerland. Ich hoffe, dass mein Kanton ein Vorbild für andere Regionen in der Schweiz und in Europa werden wird.»

In der Pellet-Backstube

Zwei Jahrhunderte lang rauchten in der Klus bei Balsthal die Hochöfen des Von-Roll-Stahlwerks. Seit 1997 ist das Feuer aus – die Industriebrache zwischen den Jurafelsen sucht neue Firmen. Eine solche ist das Pelletwerk. Hier werden aus Sägemehl, Hobelspänen und Holzschnitzeln von nahe gelegenen Sägereien und Holzbetrieben klimafreundliche Pellets produziert. Private Initianten gründeten die AEK Pellet AG im Jahr 2003. Vier Jahre davor hatte der Sturm Lothar Bäume in noch nie da gewesenem Ausmass zu Boden gerissen. Er zerstörte 46 000 Hektaren Waldfläche, das entspricht mehr als der Fläche der beiden Appenzell zusammen. Mit der Pelletproduktion wollte man das Sturmholz sinnvoll nutzen. Heute gehört das Werk in der Klus den Bernischen Kraftwerken BKW und produziert jährlich rund 60 000 Tonnen Pellets, rund ein Fünftel des Schweizer Verbrauchs. Die Produktion entspricht dem Bedarf von 13 000 Einfamilienhäusern.

Die Böden in der Pellets-Bäckerei sind braun vom Sägemehl, es duftet gut nach Tannen und Fichten. Laubholz ist für die Produktion nicht passend. Am Eingang liefert der Lastwagen Sägemehl, Hobelspäne und Holzschnitzel an. Zuerst wird das Material getrocknet und in grossen Silos zwischengelagert. Die vollautomatische Produktion der Pellets lässt sich mit der Brötchenproduktion für McDonald's vergleichen. Die Hobelspäne und das getrocknete Sägemehl werden mit Maisstärke gemischt, einem Abfallprodukt aus der Lebensmittelindustrie, und mit wenig Wasser angefeuchtet. Danach geht es auf die drei Riesenmaschinen in die Produktionshalle, wo das Rohmaterial bei einer Temperatur von rund 100 Grad gepresst wird. Durch die Wärme löst sich Lignin, ein natürlicher Klebstoff im Holz. Er verbindet die Holzstückchen und festigt sie mit einer leicht glänzenden Hülle. Dieser natürliche Schutz macht die Pellets glatt, vermindert Abrieb und Staubbildung. Jede Presse schafft pro Stunde vier Tonnen. In einer weiteren Halle sind die abgepackten Pellets bereit für die Auslieferung, oder sie warten, lose in Silos zwischengelagert, auf den Transport. zs

Klimaspuren inspizierte am 25. Juni im Pelletwerk
auf der Industriebrache in der Klus bei Balsthal,
wie aus Sägereiabfall Klötzchen fürs komfortable Heizen
mit Holz gebacken werden.

Josef Jenni, Pionier der ersten Stunde

Blaues, offenes Hemd, Blue Jeans, Ledersandalen, dunkle, rechteckige Brille, graumeliertes, volles Haar. Josef Jenni führt seine Gäste in den zweiten Stock seiner Werkstätten in Oberburb bei Burgdorf. Hier stehen filigrane, mit Solarpanels zugepackte Gefährte. Damit brillierte die Firma Jenni Energietechnik zusammen mit der Ingenieurschule Biel an der legendären ‹Tour de Sol›, wurde mit der ‹Spirit of Biel› 1990 Weltmeister gar in Australien. Dass Jenni ein begabter Tüftler und Erfinder ist, bewies er auch später. Der Ingenieur entwickelte ein System, mit dem sich auf einfache Art und Weise Sonnenenergie speichern lässt. Ohne Batterien, die mit problematischen Rohstoffen und viel grauer Energie hergestellt werden müssen. Das funktioniert so: Im Sommer heizen Kollektoren das in mächtigen Tanks gespeicherte Wasser auf, in der kalten Jahreszeit versorgt dieses das Haus mit Wärme. Die thermischen Speicher sind die Spezialität der Firma, die heute mit rund siebzig Mitarbeitenden gut zwölf Millionen Franken Umsatz macht. Die Fabrik erinnert an eine Schlosserei. Hier werden drei Meter breite und zehn Meter hohe Speichertanks gebaut. Jennis Bestellbücher sind voll, und er kommt kaum nach mit Liefern. Sorgen macht dem Energiepionier die eidgenössische Energiepolitik. Sie setze zu stark auf Strom und fördere die Fotovoltaik kritiklos. Doch Strom decke nur einen Viertel des Energiebedarfs eines Hauses, der Rest ist Wärme. Jenni ist daher überzeugt, dass Wärme erzeugt, gespeichert und gebraucht werden sollte, ohne den Umweg über den Strom gehen zu müssen. Seine Forderung heisst: Solarthermie statt Fotovoltaik oder mindestens beides gleichwertig behandeln. DS

Am 27. Juni empfing Josef Jenni Klimaspuren
in seiner Firma in Oberburg bei Burgdorf und führte in die Geheimnisse
der thermischen Sonnenenergie ein.

Das Berner Wohngebirge

Wer im tiefen Keller des Wohnkolosses in Ausserholligen am Stadtrand von Bern steht, die Augen schliesst und schnuppert, spürt in der Nase Kakaogeruch versetzt mit Kehrichtduft. Hier lagerte über viele Jahre Tobler die Zutaten der Toblerone, während nebenan die Stadt Bern ihren Abfall verbrannte. In den nächsten Jahren entsteht aus der Brache ein Quartier zum Wohnen, Arbeiten und Leben für 900 Menschen. Das Wohngebirge der Architekten des Büros BHFS für die Genossenschaft Warmbächli im alten Chocolat-Tobler-Lager ist das erste Haus des Plans, dessen Essenz der architektonischen Klimavernunft gilt: Nur so viel abbrechen wie nötig. Aus möglichst allem, was da ist, etwas machen.

Das ‹Warmbächli› ist keine neue Erfindung. Tausende Jahre lang haben die Menschen möglichst lange alles gebraucht und fantasievoll umgenutzt. Erst die Gegenwart macht dieses Können und Wollen schlecht. Wie in Bern Architektinnen, Bauherren, Bewohnerinnen und die Stadt als Grundbesitzerin die alte Weisheit zeitgenössisch buchstabieren, ist eindrücklich: Sie bauen mit dem, was sie vor Ort haben. Aus der Ruine sind Räume mit Geschosshöhen wie in einem Palast entstanden, fantasievolle Grundrisse, Patina und Geschichte auf Schritt und Tritt, dazu grosszügige Arbeits-, Gemeinschafts- und Aussenräume.

Schauen wir hinter das Credo, wird Klimavernunft anspruchsvoll: 21 000 Tonnen Beton sind gerettet – also nicht nur viel CO_2, sondern auch tausend Lastwagenladungen Ressource geschont. 5000 Tonnen sind abgebrochen und 9000 Tonnen Beton neu verbaut. Bestand erhalten ist kostspielig: Mit 2300 Franken pro Quadratmeter Geschossfläche ist das ‹Warmbächli› um einen Drittel teurer als ein kostengünstiges Grosshaus. Und ein politischer Entscheid ist radikal und gut: Bei der Vermietung der 63 Wohnungen müssen 35 Quadratmeter pro Person genügen. So ist das ‹Warmbächli› wegen seiner Bauherrschaft und deren Zuversicht ein Leuchtturm. Hier hat eine Grossgruppe von gut 200 Menschen in jahrelanger Politik- und Gruppenarbeit ihre Lebensform und deren Gehäuse gefunden. Hier werden Werte erprobt und gelebt, die der Kern jeder Klimavernunft sind: gemeinsam statt einsam, suchend statt alles schon wissend, zurückhaltend im persönlichen Anspruch, neugierig auf die Gemeinschaft und grosszügig für die Gesellschaft. **GA**

Aus dem alten Lagerhaus von Chocolat Tobler
entstand das erste Wohngebirge
des werdenden Stadtquartiers Warmbächli
am Berner Stadtrand.

In der Velohauptstadt

Bern ist die Velohauptstadt der Schweiz, denn nirgendwo haben die mit dem Velo zurückgelegten Kilometer stärker zugenommen. Bis 2030 soll das Velo einen Anteil von zwanzig Prozent am Gesamtverkehr erreichen. Das ist eine Verdoppelung gegenüber 2010. Der Schweizer Durchschnitt liegt bei einem Veloanteil von acht Prozent.

Die Merkpunkte dieser Velo-Offensive sind das Verleihsystem, die Kampagne und die Realisierung von neuen Routen. 2016 ist die erste Hauptroute vom Hauptbahnhof bis ins Wankdorf eingerichtet worden. Die durchgehende Veloverbindung ist bis zu 2,50 Meter breit oder teilt die Spur mit dem Bus. Seither folgte Route um Route mit breiter Fahrbahn als Standard. Eine Berner Erfolgsgeschichte ist das Verleihsystem. In der ganzen Stadt sind 170 Publibike-Stationen verteilt, an welchen 1600 Velos mit und ohne Elektromotor ausgeliehen werden können. Sie können an allen Stationen zurückgegeben werden.

Für ihre Velopolitik wirft die Stadt jährlich Beträge in Millionenhöhe auf. Das Angebot wird von allen Altersgruppen genutzt und stösst insbesondere unter Jungen auf grossen Anklang. Mit Blick auf Kopenhagen und die Niederlande sieht man aber: Es liegt mehr drin. Es braucht dafür einen breiten Mix von Massnahmen auf allen politischen Ebenen, der den Velo- und Fussverkehr und den öffentlichen Verkehr gesamthaft fördert. DS

Dunkle Wolken ziehen auf, und es beginnt in Kübeln zu schütten.
Auf dem Bahnhofplatz Bern warten die Velos und E-Bikes.
Klimaspuren wechselt am 29. Juni vom Fussgang zum Fahrrad und inspiziert
auf einer Veloexkursion die Berner Velopolitik.

Rosmarie Wydler-Wälti: «Wir KlimaSeniorinnen wollen in Strassburg Geschichte schreiben»

Rosmarie Wydler-Wälti wanderte 15 Etappen auf Klimaspuren mit. «Für mich ist das Projekt der Klimaspuren ganzheitlich, frei nach Pestalozzi: Mit Kopf, Fuss und Herz!»

«Die Folgen der Klimakrise treffen nicht alle gleich – weder auf internationaler Ebene noch in der Schweiz. Mit der globalen Klimaerwärmung nimmt auch bei uns die Temperatur stetig zu, sogar doppelt so stark wie im weltweiten Durchschnitt. Die immer heisseren Sommer belasten die körperliche Gesundheit. Stark betroffen sind laut wissenschaftlichen Studien ältere Frauen. So treffen die auf die sommerliche Wärme zurückgeführten Todesfälle zum grössten Teil Seniorinnen, was im Hitzesommer 2003 erstmals festgestellt wurde. 2011 hat die WHO die spezielle Gefährdung von Frauen bei Hitzewellen festgehalten.

Es gibt verschiedene Möglichkeiten, um Druck für eine bessere Klimapolitik zu machen. Greenpeace Schweiz prüfte zusammen mit den Anwältinnen Ursula Brunner und Cordelia Bähr, wie eine Klage aufgebaut werden kann, und sie betonten, dass in der Schweiz nur betroffene Personengruppen den Bundesrat verklagen können, wenn durch dessen Handlungen oder deren Unterlassung diese Personengruppe einer nicht zumutbaren Gefährdung ausgesetzt sind. Also suchte Greenpeace ältere Frauen, um die KlimaSeniorinnen 2016 zu gründen, und ich wurde Co-Präsidentin für die Deutschschweiz. Heute sind wir rund 2000 Frauen aus allen Regionen der Schweiz. Ich denke, gerade junge Generationen und Seniorinnen haben ähnliche Vorstellungen einer besseren Gesellschaft, wenn auch aus anderen Motiven. Als ich jung war, lernten wir aus Sparsamkeit einfach zu leben, die Jungen machen dies heute aus ökologischen Gründen. Für mich ist Klimaarbeit eine Herzensangelegenheit, aus tiefem Verantwortungsgefühl, weil meine Babyboomer-Generation das Desaster verursacht hat.

Mein eindrücklichstes Erlebnis mit den KlimaSeniorinnen war eine Reise in die Lofoten mit Bahn und Fähre zum ‹Arctic Sunrise›-Schiff von Greenpeace, zusammen mit der Gruppe ‹Youth for Nature›. Norwegen hatte einen Monat nach der Ratifizierung des Pariser Klimaabkommens neue Erdölbohrungen im Meer bewilligt. Natürlich gab es viel Widerstand, und Greenpeace hat einige Aktivistinnen und Aktivisten aus verschiedenen Ländern auf ihr Schiff eingeladen. Da das Schiff zu gross war, um am Land anzulegen, fuhren wir jeweils mit den Gummibooten hin und zurück. Einmal stürmte es richtig heftig, und wir konnten mit der Leiter nicht mehr auf das Schiff hinaufklettern. So haben uns die Greenpeace-Leute kurzerhand in den Booten mit dem Kran auf das Schiff gehoben. Welch ein Abenteuer!

Zurzeit erhalten wir KlimaSeniorinnen Einladungen in verschiedene europäische Länder. Dort wollen Organisationen ähnliche Klagen aufgleisen. Als KlimaSeniorinnen verklagen wir den Bundesrat, weil er nicht genug für den Schutz unserer Gesundheit tut. In erster Instanz klagten wir vor dem Bundesverwaltungsgericht. Die Klage wurde abgewiesen mit der Begründung, dass wir ja gar nicht mehr als andere unter der Sommerhitze leiden würden und damit keinen Grund zur Klage hätten. Die nächste Instanz war das Bundesgericht. Dieses schmetterte unsere Klage ebenfalls ab, da keine Betroffenheit nachweisbar sei. Es sei noch nicht bewiesen, dass eine Erwärmung von zwei Grad komme. Dabei steht in der Verfassung, dass die Politik Vorsorgemassnahmen treffen muss für besonders betroffene Personen. Auf die Klage bezüglich Gesundheitsvorsorge ist niemand eingegangen. Danach entschied die Generalversammlung der KlimaSeniorinnen einstimmig, das Urteil an den Europäischen Gerichtshof für Menschenrechte in Strassburg weiterzuziehen. Unsere Mitglieder haben über 700 bunte Flaggen genäht, und wir haben diese nach einer Kundgebung im Oktober 2020 über die Mittlere Brücke von Basel getragen und nach Strassburg mitgenommen, um die Klage anzukündigen. Dort reichten wir sie dann im November 2020 ein. Von den Schweizer Medien wurden wir kaum beachtet, doch in Frankreich hatten wir viel öffentliche Aufmerksamkeit.

Auf Aufforderung des Europäischen Gerichtshofs musste das Eidgenössische Justiz- und Polizeidepartement zu unserer Klage Stellung nehmen. Im Sommer 2021 antwortete das Justizdepartement. Erstens sei die Schweizer Klimapolitik genügend, zweitens seien Frauen nicht speziell benachteiligt, drittens sei keine Personengruppe in einer Art betroffen, die zur Klage berechtige, und viertens spiele es keine Rolle, ob die Schweiz handle oder nicht – die Betroffenheit durch den Klimawandel bleibe so oder so. Zudem erfüllten wir den Opferstatus nicht und es bestehe kein unmittelbares Risiko für die Beschwerdeführerinnen. Die Klimaerwärmung habe noch kein Ausmass erreicht, um auf uns einen Effekt zu haben. In Strassburg haben sie uns jedoch grünes Licht gegeben und werden Klimaklagen prioritär behandeln und prüfen, ob sie menschenrechtswürdig sind. Wenn der Gerichtshof eine Menschenrechtsverletzung feststellen würde, hätte dies Auswirkungen nicht nur auf die Schweiz, sondern auf alle Staaten, die zum Europarat gehören.»

Der scheinbar wilde Sturzbach in der Areuse-Schlucht bei Neuenburg verdeckt, dass er Teil eines durchgestalteten Wasserkraft-Systems ist.

Das CO_2 steckt in der Landschaft

«Wenn wir durch die Natur streifen, wählen wir einzelne Eindrücke aus, die wir wie Perlen sammeln. Jedem gefallen andere Perlen, je nachdem, wie er aufwächst. Einige Perlen finden jedoch alle schön, da sie zum kulturellen Allgemeingut gehören. Fehlt uns eine solche Perle, dichten wir sie oft unbewusst hinzu. Zu Hause beim Nachdenken oder im Gespräch setzen wir die einzelnen Eindrücke zu einer Perlenkette zusammen, die wir dann Landschaft nennen.» (Lucius Burckhardt)

Auf steinigen Pfaden und gepflegten Wegen, auf Schottersträsschen und Teerstrassen, durch Wälder, Felder und Siedlungen, entlang von Flüssen und Seen, über sanfte Hügel und durch tiefe Schluchten. Was macht den Reiz aus, das Klima wandernd zu erleben? Wieso waren wir bereit, tage- und wochenlang bei Hitze, Kälte und Nässe schwitzend und schnaufend durchs Land zu gehen? Vielleicht ist es die alte Gewohnheit der Menschen, zu Fuss zu gehen. Oder die Neugierde als urmenschliche Eigenschaft. Vielleicht aber auch das Interesse an den Dingen, die uns umgeben, verbunden mit dem Bedürfnis nach Bewegung. Das forschende Interesse, mit Auge, Ohr und Nase zu erkunden, wo und wie das CO_2 in unseren Landschaften steckt, in der Kultur- und Naturlandschaft, in der Agglomerations-, Verkehrs- und Energielandschaft.

Dominik Siegrist sitzt am Wegrand im St. Galler Rheintal und denkt über das CO_2 in der Landschaft nach.

Lucius Burckhardt hat die ‹Promenadologie›, die Spaziergangswissenschaft, erfunden. Der Basler Soziologe war überzeugt, dass das Landschaftsbild, das wir wahrnehmen, massgeblich von der Wahl des Fortbewegungsmittels bestimmt wird. Tatsächlich: Auf Klimaspuren hat sich die Landschaft gemächlich mit den Schritten gewandelt. Es ist die Langsamkeit, die uns vorwärtsbringt. Unterwegs geniessend, verstehen wir die Landschaften. Wir erfassen und interpretieren Bilder und schaffen den Bezug zum Klima. Raum für Kontemplation, Imagination, für Gespräche und Reflexion öffnet sich. Sie verknüpfen Themen, begreifen Klimalandschaften als Bestandteil eines ökologischen und gesellschaftlichen Ganzen und erfahren den Rhythmus des Wanderns als Gegenbewegung zur überbordenden Mobilität unserer Zeit.

Von der Idylle in Uster zum Mahnmal des Kühlturms

So auch an diesem warmen und schönen Frühsommertag in der alten Industrielandschaft des Zürcher Oberlands. Angenehm schattig und kühl ist es im waldigen Tobel. Der Weg führt vom ländlichen Bäretswil in den Wetziker Vorort Kempten hinunter. Der Gang über Treppen und Brücken erinnert an frühere Zeiten der Geschäftigkeit. Im Kemptner Tobel stehen eigenartige steinerne Türme. Über sie führten Transmissionsriemen die Wasserkraft des Baches in die Fabriken. Alles mechanisch und noch ohne Elektrizität. Weiter unten dann der Aabach im Stadtpark von Uster. Preisgekrönt ist die Stadt für ihren vorbildlichen Umgang mit dem historischen Erbe. Auf Promenaden flaniert die Klimaspuren-Gruppe dem Schilfgürtel des Stadtweihers entlang. Aus ihm strömte einst das Wasser auf die Stromturbinen der Zellweger'schen Fabriken. Heute säumen grosse Wohnhäuser das Gewässer. Ehemalige Fabrikgebäude, umgebaut in Wohnungen, Lofts und Büros.

Tage später der Kontrast vor Olten an der Aare. Klimaspuren ist durch den idyllischen Auenwald unterwegs. Plötzlich taucht der Kühlturm des Atomkraftwerks Gösgen auf, ein gigantischer Betonklotz mit seiner Dampffahne, die weit in den Himmel aufsteigt. Ein hoher Eisenzaun schirmt die Anlage ab. Ich erinnere mich: Als 19-Jähriger zeltete ich 1977 mit Tausenden von Demonstrierenden im Widerstandscamp auf dem Baugelände in Gösgen. Damals waren hier, in der Aareschlaufe, noch weite Felder, heute ist der Kühlturm zum Mahnmal einer gescheiterten, atomgläubigen Energiepolitik geworden.

Strom aus den Flüssen und Naturlandschaften

Auf dem Gang durch die Flusslandschaften des Mittellandes passieren wir ältere und jüngere Wasserkraftwerke: Bei Schinznach an der Aare mit altem Flusslauf und dem neueren Kanal, mit Turbinenzentrale und Fischtreppe – heute allerdings ohne Fische. An der Mündung des Hagneck-Kanals in den Bielersee das mustergültig renovierte historische Kraftwerk. Oder das alte Maschinenhaus in heiterem Jugendstil, tief unten in der Areuse-Schlucht oberhalb von Neuchâtel. In diesen Anlagen wird heute hundertmal, ja tausendmal so viel Energie nutzbar gemacht wie seinerzeit am Aabach im Zürcher Oberland. Und immer noch weitgehend klimaneutral. Doch die Ressourcen sind beschränkt, die Möglichkeiten für den Ausbau der Wasserkraft weitgehend erschöpft.

Wie eine Kompensation für die intensive Gebrauchslandschaft wirken die grossen, grünen Oasen. Wälder sind CO_2-Senken, hier wird Kohlenstoff gespeichert anstatt Treibhausgas ausgeschüttet. Mehrere Tonnen CO_2 vermag ein Baum in seiner Lebenszeit einzulagern, etwa halb so viel, wie jede und jeder von uns jährlich verursacht. Mit 500 Millionen Bäumen ist der Schweizer Wald ein wichtiger Klimaschützer. Oder die Moorlandschaften, durch die wir wandern. Revitalisiert können sie viel Kohlenstoff speichern. Meinen wir es mit dem Klimaschutz ernst, brauchen wir mehr Naturlandschaften.

Kunstdünger, Pestizide, Futtermais und importiertes Soja

Das Gegenteil sind die Agrarlandschaften mit intensiver Bewirtschaftung. Auf unseren Wegen durchqueren wir giftgrüne Wiesen, auf denen viele und schwere Tiere grasen: Für des Schweizers täglich Fleisch auf dem Teller und seinen Cheeseburger, für dessen Frühstücksmilch und Butterbrot. Mit einem relevanten Ausstoss an Klimagasen, den die Anfänge der klimafreundlichen Landwirtschaft nicht ausgleichen können. Die Schweizer Bäuerinnen und Bauern füttern Milchkühe, Mastrinder und anderes Vieh mit Hunderttausenden von Tonnen importiertem Soja. Dazu der Futtermais von einheimischen Feldern, behandelt mit Kunstdünger und Pestiziden. Die Schweizer Landwirtschaft steckt tief in den fossilen Zwängen – es ist schleierhaft, wie ihr Futter, ihre Fahrzeuge und Infrastrukturen dekarbonisiert werden können. Das müssen sie aber, wenn Klimaneutralität nicht toter Buchstabe auf den Prospekten des Bauernverbands bleiben soll.

Klimaspuren unterwegs auf dem schmalen Pfad der Lägern.

Stillleben mit Moos in der Areuse-Schlucht.

Zeigen, wie es anders geht – mit Energielandschaften

Klimaspuren traf aber auch die, die nach der anderen Wirtschaftsweise suchen. Es sind nicht mehr, wie vor dreissig Jahren, einzelne Pionierinnen und Forscher – sie sind viele geworden: Weinbauern, die mit den Prinzipien von ‹Demeter› oder der ‹Knospe› gute Weine keltern und mit ihnen erfolgreich geschäften. Zahlreiche Bauernfamilien, die schon in der zweiten Generation biologisch wirtschaften. Betriebe wie der Hof Narr, der zeigt, wie es anders geht. Oder der Plantahof, Graubündens Bauernschule, die das breit abgestützte Projekt ‹Klimabauern› lanciert, das bodenständig, mit fünfzig Betrieben, zeigen will, wie eine ‹Netto-Null›-Landwirtschaft funktionieren kann. Und nicht den Mund zu voll nimmt, sondern Schritt um Schritt Gegebenheiten verändern will. Auch wenn die übermächtige Agrarlobby pickelhart die Interessen der Agrarindustrie vertritt – im Landwirtschaftsland ist Hopfen und Malz noch nicht verloren.

Wenig erfuhr Klimaspuren von der Zukunft der Energielandschaften. Freilich, mit Solarpanels gedeckte Wohn- und Gewerbehäuser, Solaranlagen auf Scheunendächern werden zahlreicher; das Sonnenkraftwerk im ehemaligen Steinbruch in Felsberg bei Chur und das Windrad in Haldenstein setzen Zeichen. Auch die Solarkraftwerke des Elektrizitätswerks der Stadt Zürich (EWZ) an der Mauer des Albigna-Stausees im Bergell und die Axpo-Fotovoltaik-Wand an der Muttsee-Staumauer im Glarnerland sind beispielhaft. Doch insgesamt verändert sich die Energielandschaft gar gemächlich. Und dennoch ist Bewegung, wenn wir daran zurückdenken, wie bis vor wenigen Jahren die Direktoren der grossen Energieunternehmen und die bürgerlichen Politiker gelächelt haben, dass die Pioniere der Sonnenenergie die Krawatte nicht elegant genug binden können. Und heute dozieren sie, dass Sonnenenergie einen beträchtlichen Teil des Stroms liefern soll.

Eisenbahn statt Autobahn

Klimaspuren wanderte auch entlang historischer Verkehrswege, schon gleich zu Beginn durch die wilde Rheinschlucht. Vor mehr als hundert Jahren schlugen hier meist italienische Arbeiter eine Strecke für die Rhätische Bahn ins steile Gelände. Sie ist bis heute ein Wunder des Eisenbahnbaus, grossartig in der Verbindung von Technik und Natur. In der Hitze riecht die Klimaspuren-Gruppe den dampfenden Teer der

Bahnschwellen. Heute führt ein eiserner Steg die Wanderer vorbei an schwierigen Passagen durch die Ruinaulta, zwischen Bahn und Fluss. Während die Wanderstöcke auf dem Gitterweg klappern, rauschen die roten RhB-Züge vorüber – doch keine Strasse weit und breit. Der Verkehr durch die Schlucht ist bis heute klimafreundlich.

Wochen später, auf dem Uferweg entlang der Venoge in der Waadt. Auf der anderen Seite des Flüsschens rasen die Intercity-Züge vorbei. In vier Stunden unterwegs von St. Gallen nach Genf. Etwas später, nach Lausanne, liegt das schmale Weglein eingeklemmt zwischen Venoge und Stadtautobahn. Müde vom langen Wandertag zottelt die Einerkolonne voran, sieht, hört und riecht den Klimaschaden, der hier tagtäglich angerichtet wird. Erlebt haben wir das aber schon in den ersten Klimaspuren-Tagen, in der Bündner Herrschaft: Auf der Autobahn A13 staute sich der Wochenendverkehr. Und die Spaziergänge rund um St. Gallen, Zürich oder Bern machen klar: Die Verkehrslandschaften gleichen sich – eine endlose Flut von Autos und Lastwagen.

Verkehrslandschaften

Klimaspurens Spaziergang zum Flughafen Zürich-Kloten. Der Lärm der Flugzeuge überflutet die Gruppe. In Kloten dann die Terminals, die Pisten – eine für enge Schweizer Verhältnisse einmalige Verkehrs- und Stadtlandschaft. 275 329 Flugzeuge starteten oder landeten hier 2019. Im Coronajahr 2020 waren es noch 111 328. Aber schon bald werden es mehr sein als zuvor. Dabei steckt der Flugverkehr in tiefem Konflikt mit dem Klima. Die von einem Tag in der Sonnenglut ermatteten Wanderinnen steigen zum Butzenbühlpark hinauf, den die Landschaftsarchitektinnen vom Studio Vulkan auf einem Hügel neben dem mondänen Gebäudekomplex des Circle gestaltet haben. Mit den Füssen in den kleinen Wasserfontänen hören sie den Aktivisten der Bewegung ‹Terran› zu, die ihr Leben ohne Fliegen erklären, aber auch ohne Waren, die mit dem Flieger herbeigeflogen werden.

Wo bleiben die klimafreundlichen Verkehrslandschaften? Erste gibt es in den Städten: In Bern mit seiner forschen Velopolitik. In Zürich mit dem Plan, flächendeckend Tempo 30 zu verordnen. In Lausanne und Genf, wo die S-Bahn ausgebaut wird. Und sonst? Autobahnen, Strassen, Velo- und Wanderwege, auf denen wir durch die Landschaft reisen wie unsere Vorfahren seit Jahrtausenden, zu Fuss. DS

Für die Autos die Rennpiste,
für Klimaspuren der Zauberpfad
auf dem Weg nach Yverdon.

Bergsturz und Autoflut

Bondo, 23. August 2017: An der Nordflanke des Piz Cengalo im Bergell lösen sich riesige Felsmassen und stürzen auf den darunterliegenden Bondasca-Gletscher. Aus dem schmelzenden Eis und den Schuttmassen wird ein gewaltiger Murgang, der vier Kilometer weiter unten im Dorf Bondo Häuser wegreisst und die Kantonsstrasse meterhoch verschüttet. In der Bondasca kommen acht Berggänger ums Leben.

Kandersteg, Sommer 2021: Am Spitzen Stein oberhalb des Kandertals im Berner Oberland sind rund zwanzig Millionen Kubikmeter Geröll und Fels in Bewegung. Das ist fünfmal mehr Volumen als am Piz Cengalo. Seit 2018 bewegt sich der Fels immer schneller. Niemand weiss, wann und wie viel Geröll und Erde auf Kandersteg hinunterdonnern wird. Sicher ist für die Geologen nur, dass der Bergsturz irgendwann kommt. In Bondo wie in Kandersteg dürfte der Klimawandel eine Rolle spielen. Der früher dauernd gefrorene Boden oberhalb von 2500 Metern taut auf, die Bergflanken werden instabil, und alles stürzt ins Tal.

Daniel Anker beschreibt in seinem Buch ‹après lift› 49 Skitouren auf Berge, an denen in den letzten Jahren und Jahrzehnten meist wegen Schneemangels die Skilifte stillgelegt worden sind. Für den Wintertourismus wird die Klimaerwärmung zu einem existenziellen Problem. Die Gletscher haben seit Messbeginn wegen der steigenden Temperaturen rund die Hälfte ihres Volumens verloren. Neue Seen bilden sich auf den Gletscherzungen. Besonders im Frühling, während der Schneeschmelze, kann dort Wasser ausbrechen. Wir wissen es: Die Negativliste der Klimafolgen für die Berggebiete ist lang. Kein Wintertourismus, mehr Hochwasser, mehr Murgänge, mehr Stürme, geschwächte Schutzwälder – und wie es scheint, sind die Veränderungen unvermeidlich.

Die Alpen-Initiative, Klimaspuren und der SAC luden im Alpinen Museum Bern zu einem Alpengipfel ein. Dort sprach Jürg Schweizer, der Direktor des Instituts für Schnee- und Lawinenforschung (SLF) in Davos: «Bis ins Jahr 2060 steigt die Temperatur in den Berggebieten um vier bis sieben Grad Celsius.» Umso mehr überrascht es darum, dass die Bergbevölkerung einer wirkungsvollen Klimapolitik oft skeptisch gegen-

Am 29. Juni war Klimaspuren im Alpinen Museum in Bern mit dabei am Gespräch ‹Die Alpen: Opfer und/oder Verursacher des Klimawandels?› Über dem Podium hing das Bild ‹Aufstieg und Absturz› von Ferdinand Hodler. Darunter diskutierten (v.l.n.r.) Benno Steiner und Françoise Jaquet, SAC, Dominik Siegrist, Klimaspuren, Katharina Conradin, CIPRA International, Jon Pult, Alpen-Initiative, und Jürg Schweizer, Institut für Schnee- und Lawinenforschung.

übersteht. Sie lehnte im Juni 2021 das CO_2-Gesetz mehrheitlich ab. Zu gross war die Angst vor steigenden Benzinpreisen und anderen Einschränkungen. Katharina Conradin, ehemalige Präsidentin von CIPRA International, sieht auch die Berglerinnen und Bergler in der Verantwortung: «In Bergkantonen werden mehr Kilometer mit dem Auto und weniger mit dem öffentlichen Verkehr zurückgelegt, und tendenziell wird mehr Wohnraum beansprucht. Hinzu kommt: Der Tourismus mit seinem hohen Ressourcenverbrauch ist ein gewichtiger Treiber der drohenden Klimakatastrophe – er ist ein Autotourismus, denn der grösste Teil der Gäste reist mit dem eigenen Motorfahrzeug in die Ferienorte.» Das alles sollte sich ändern, meint Jon Pult, SP-Nationalrat aus Graubünden und Präsident der Alpen-Initiative: «Angesichts der zunehmenden Bedrohungen muss sich das Berggebiet aktiver am Klimaschutz beteiligen. Der Kanton Graubünden macht es mit seinem ‹Green Deal› vor.» DS

Der Motor der Schweiz läuft fossil

Frühmorgens für die warme Dusche und den Kaffee. Für den Zug zur Arbeit. Strom für den PC und Treibstoffe für die Logistik. Im Sommer Kühle für die Räume, im Winter wird geheizt. Und über Nacht hält Strom das Handy wach und stellt, während das Land schläft, mit grossem Aufwand eine riesige Infrastruktur sicher. Der Komfort ist immens, darum hat die Schweiz seit 1950 ihren Energieverbrauch verfünffacht. Ihr Energiebedarf kostet pro Jahr rund 28 Milliarden Franken. Von den 230 Terawattstunden jährlich aber kommen drei Viertel aus nicht erneuerbaren Quellen: Benzin, Diesel, Kerosin, Heizöl, Erdgas und Atomenergie. Das erneuerbare Viertel Energie bringen grösstenteils Wasserkraft und Biomasse. Die Atomkraftwerke werden bald abgeschaltet, Benzin, Heizöl und Kerosin verbannt. Effizienz und Sparen werden die Energielücke verkleinern, aber nicht füllen. Darum braucht es mehr erneuerbare Quellen: Neben Wasserkraft und Biomasse sind das Sonnen- und Windenergie. So wird das kohlenstoffbasierte Energiesystem umgebaut. Ist heute ein Viertel elektrisch, wird es künftig mehr als die Hälfte sein.

Die Sonnenenergie für Strom und Wärme birgt dabei das grösste Potenzial. Also inspizierte Klimaspuren das Solarkraftwerk von Rhiienergie in Felsberg. In einem stillgelegten Steinbruch versprechen nun – einem Weinberg gleich – Solarmodule eine rosige Zukunft. Sie liefern jährlich 1,6 Gigawattstunden Strom aus der Region für die Region. Doch über 60 Terawattstunden – ein Viertel dessen, was die Schweiz verbraucht – schlummern noch auf Dächern und Fassaden. Aus der Sonne fällt sowohl Wärme wie auch Strom hauptsächlich im Sommer an, im Winter aber ist der Bedarf um einiges höher. Deshalb muss die Solarenergie in Form von Wärme und Strom saisonal gespeichert werden können. Dafür braucht es neue Erfindungen. So liess sich Klimaspuren an der Fachhochschule OST in Rapperswil vorführen, wie Power-to-Gas-Experimente aus Sonnenstrom und Wasser Methan fabrizieren, das Strom werden kann, wenn dieser nötig ist.

Das Sonnenkraftwerk im ehemaligen Steinbruch Calinis bei Felsberg.
Es liefert jährlich 1,6 Gigawattstunden Strom aus der Region für die Region.

Und wichtig ist es, das Energiesystem so zu gestalten, dass Strom dann verfügbar ist, wenn er gebraucht wird. Aber auch umgekehrt: den Verbrauch den Quellen anzupassen. Wenn also die Fotovoltaik-Anlagen auf den maximalen Winterstrom ausgelegt werden, kann in den Wintermonaten der Ertrag ansteigen.

In Haldenstein bei Chur stand Klimaspuren neben der aktuell stärksten Windturbine der Schweiz. Sie ist 120 Meter hoch, hat einen Rotordurchmesser von 112 Metern und produziert rund 4,5 Gigawattstunden Strom pro Jahr. Die Energieperspektiven des Bundes rechnen mit 4 Terawattstunden Windstrom im Jahr 2050 – das wären tausend Anlagen wie die bei Haldenstein. Der Konjunktiv ist angemessen, denn komplexe Bewilligungsverfahren, Konflikte mit Vögeln und Fledermäusen und Einsprachen von skeptischen Anwohnerinnen und

Das aufgestelzte Viaduc d'Yverdon der Autobahn A5 bei Orbe VD.

Und siehe da: Auch am 4. Juni dreht sich das Windrad von Haldenstein.

Schutzorganisationen verhindern einen schnellen Ausbau der Windkraft – ihre Anlagen können nur zusammen mit dem Landschaftsschutz und der Bevölkerung aufgestellt werden.

Beim Wasserkraftwerk in Hagneck begrüsst Daniel Fischlin die Wandernden. Er ist Direktor der Kraftwerke Oberhasli, einer Tochterfirma der BKW. Er hat Freude am Vorzeige-Laufwasserkraftwerk am Ufer des Bielersees – rund 60 Prozent des Schweizer Stroms stammen aus Wasserkraft; ihre Besitzer verbessern die Grossmaschinen laufend. Sie wollen aber auch neue Stauseen bauen, wo bisher Wildnis ist, was zu langem Streit mit den Landschaftsschützern führt, die – zu Recht – nicht jeden Bach und See hergeben wollen.

Klimaspuren besichtigte am 1. Juli
das renovierte Flusskraftwerk Hagneck am Bielersee.

Kommt als letzte erneuerbare Energiequelle die Biomasse hinzu. Das heisst Wärme und Strom aus Stückholz, Pellets oder Biogas. Gleich zu Beginn ihrer Reise wanderte Klimaspuren am Holzkraftwerk vorbei, das das Elektrizitätswerk der Stadt Zürich für Ilanz gebaut hat. Über einen Wärmeverbund werden 50 Institutionen, Betriebe und auch Haushalte versorgt, ausserdem wird Strom für 360 Haushalte produziert. Biomasse – Holz, Mist, Grünzeug – ist heute die zweitgrösste erneuerbare Energiequelle. Klimaspuren besuchte auf der Industriebrache in der Klus im Kanton Solothurn eine Fabrik, die aus Abfallholz Pellets bäckt. Das Bundesamt für Energie erwartet, dass sich die energetische Nutzung von Biomasse bis 2050 verdoppelt und dann rund 17 Prozent des Energieverbrauchs deckt.

Das Fazit auf der Reise durch die Energie: Wasserkraft und Biomasse sind wichtig, massgebend aber ist die Sonne – sollen die Energieperspektiven mehr wert sein als das Papier, auf dem sie stehen, muss die Solarenergie substanziell ausgebaut werden, denn nichts wärmt die Welt bis heute derart ungenutzt wie die Sonne. zs

Blick vom Flusskraftwerk Hagneck auf das neu angelegte Naturschutzgebiet am Bielersee.

Von der Hagneck in die Trift

Malerisch liegt das historische Kraftwerk an der Mündung des Hagneck-Kanals in den Bielersee, mitten in einer Auenlandschaft von nationaler Bedeutung. Vor einigen Jahren haben die Berner Kraftwerke (BKW) die Anlage erneuert – sie erzeugt heute vierzig Prozent mehr Strom als früher. Arbeiteten in Hagneck die BKW und die Umweltschutzorganisationen gut zusammen, geht es in der Trift im Berner Oberland weniger harmonisch zu und her. Dort, hoch oben, wo das Triftwasser aus dem Gletscher quillt, das später mit der Aare durch das Hagneck-Kraftwerk schäumt, planen die Kraftwerke Oberhasli einen neuen Stausee mit einer 167 Meter hohen Betonmauer. Mit einer Jahresproduktion von 145 Gigawattstunden soll das Triftkraftwerk einen Beitrag an die Stromversorgung in der Schweiz leisten. Aus Hagneck kommen heute 110 Gigawattstunden pro Jahr. Doch es gibt Gegenwehr. «Der energiewirtschaftliche Nutzen steht in keinem Verhältnis zum ökologischen Schaden, der in diesem wertvollen, weitgehend unberührten Hochgebirgstal angerichtet würde», sagt Nick Röllin. Er ist Präsident des Grimselvereins und Mitgründer des Triftkomitees, in dem sich Leute aus der ganzen Schweiz zusammengefunden haben, um die Bergwildnis zu bewahren und den geplanten Stausee zu verhindern.

    Das Gletschervorfeld in der hinteren Trift wurde durch den Rückgang des Gletschers in den letzten Jahrzehnten eisfrei. Unmittelbar daran grenzen mit den Berner Hochalpen und dem Rhonegletscher zwei ausgedehnte Naturschutzgebiete von nationaler Bedeutung. Weil heute der Schutzstatus für die Trift fehlt, sehen die grossen Umweltschutzorganisationen wenig Chancen, erfolgreich gegen das Projekt vorzugehen, und verzichten auf Opposition. Lediglich Aqua Viva hält gemeinsam mit dem Grimselverein den Widerstand aufrecht.

    «Statt über einzelne Projekte zu streiten, braucht es eine schweizweite Übersicht und Wertung. Was ist aus Sicht Biodiversität und Landschaft vertretbar? Was ist energiepolitisch sinnvoll?», fragt Rolf Weingartner, emeritierter Professor für Hydrologie der Universität Bern. Im Dezember 2021 legte Bundesrätin Simonetta Sommaruga eine solche Auslegeordnung vor. Zuvor hatte sie Vertreterinnen der Wasserkraft, der

Klimaspuren besuchte am 1. Juli mit dem Forum ‹Landschaft, Alpen, Pärke› der Akademie der Naturwissenschaften (SCNAT) das Kraftwerk Hagneck und hörte der Diskussion ‹Neue Gletscherseen und Klimaschutz› zu. Es sprachen (v.l.n.r.)
Daniel Fischlin, Kraftwerke Oberhasli, Rolf Weingartner, Universität Bern, Catherine Duttweiler, Moderation, Katharina von Steiger, Grimselverein/Triftkomitee, und Raimund Rodewald, Stiftung Landschaftsschutz.

Wasserwirtschaft und Landschafts- und Naturschützerinnen zu einem Runden Tisch eingeladen. So wurden aus 33 potenziellen Wasserkraftprojekten 15 ausgewählt, die vergleichsweise geringe Auswirkungen auf Biodiversität und Landschaft haben sollen – auch das Trift-Projekt gehört dazu. Zu den Ergebnissen des runden Tisches sagt Salome Steiner, Geschäftsführerin von Aqua Viva: «Der pauschale Ausverkauf unserer Gewässerlandschaften muss ein Ende haben. Wir haben den Eindruck, diese Vereinbarung ist unter extrem starkem politischen Druck entstanden. Sie ist nicht viel mehr als die Auflistung aktuell bestehender Nutzungsansprüche an unsere Gewässer und das Bekenntnis zur Umsetzung bereits geltenden Rechts zu deren Schutz. An der aktuellen Situation ändert das wenig.»

Für die Stilllegung der AKWs und die Dekarbonisierung benötigt die Schweiz laut Bundesrat zwei Terawattstunden Wasserkraft, die die 15 ausgewählten Anlagen produzieren sollen. In der Trift, aber auch im Lengtal und unter dem Gornergletscher würden die Stauseen einen grossen Schatz an Biodiversität und weitgehend unberührten Landschaften für immer zerstören. DS

Myriam Roth:
«Die Gletscher-Initiative gibt vielen Menschen neue Hoffnung»

«Biel ist eine lebendige, multikulturelle Stadt, in der viele Leute so ticken, wie ich mir das vorstelle. Ich lernte Pflegefachfrau und bin heute bei der Mütter- und Väterberatung des Kantons Bern angestellt, wo ich junge Eltern mit kleinen Kindern berate. Da geht es um Themen wie Stillen, Ernährung, Schlaf, ja um Erziehung ganz allgemein. Irgendwann mit 17 oder 18 Jahren hatte ich das Bauchgefühl, dass ich etwas für unsere Zukunft tun möchte. Ich engagierte mich in einer Gruppe der Jungen Grünen. Klima war unser wichtigstes Thema. Mit Strassenaktionen versuchten wir, die Menschen für den Klimaschutz zu sensibilisieren, waren vor Abstimmungen aktiv. Später fragte mich die Grüne Partei, ob ich nicht auf die Liste für die Nationalratswahlen wolle. Ich sagte zu und war plötzlich mittendrin in der Politik.

Mit dem Nationalrat hat es nicht geklappt, aber zu meiner Überraschung wurde ich auf Anhieb ins Bieler Stadtparlament gewählt. Noch heute bin ich mit Jahrgang 1991 das jüngste Mitglied meiner Fraktion. 2020 baten mich meine Kolleginnen und Kollegen, Fraktionspräsidentin zu werden. In dieser Funktion verteile ich Aufgaben: Jede und jeder soll das bringen, was er oder sie am meisten interessiert und am besten kann. Ich bin die Ansprechperson für die anderen Fraktionen. Mit der links-grünen Seite geht es recht gut, mit den Rechten ist es schwieriger. Manchmal habe ich das Gefühl, dass die mich als junge Politikerin gar nicht richtig ernst nehmen. Mein Vorgänger, ein fast 60-jähriger Mann, hatte es da wohl einfacher.

Biel hat im Parlament und in der Exekutive eine linke Mehrheit. Darüber bin ich glücklich. Aber die Veränderungen kommen auch so nicht automatisch. Immer wieder sind Kompromisse nötig. Ob es um eine neue Stadtordnung geht, das Klimareglement, die Biodiversität oder das Budget. Dennoch empfinde ich Biel als fortschrittliche Stadt.

Myriam Roth ist Stadträtin der Grünen in Biel und
Mitinitiantin der Gletscher-Initiative.
Sie trat als Schauspielerin am 1. Juli in Biel mit
dem Theaterstück ‹Der Drachentöter› für Klimaspuren auf.

Bereits vor einiger Zeit hat sich die Stadtverwaltung aus dem fossilen Zeitalter verabschiedet, wir wollen den Energieverbrauch der Gebäude senken und erneuerbar decken, den Autoverkehr vermeiden und verlagern und – wo noch nötig – emissionsfrei abwickeln sowie die Emissionen des Konsums verringern.

Eines unserer Projekte der letzten Jahre war der Kampf gegen den Bieler Westast, eine überdimensionierte Stadtautobahnplanung aus den 1970er-Jahren. Im Theater, das Benedikt Loderer und ich für Klimaspuren aufführten, haben wir erzählt, wie es einem lokalen Komitee mit viel Unterstützung aus der Bevölkerung gelungen ist, dieses Vorhaben zu stoppen. Das war ein riesengrosser Erfolg. Endgültig vom Tisch ist die Sache aber nicht. Biel wird von Autos überschwemmt, eine Verkehrslösung ist nötig. Ich finde aber, es braucht keine neuen Strassen, sondern ein Umdenken.

Mein bisher grösstes politisches Projekt ist die Gletscher-Initiative. Ich bin Co-Präsidentin des Vereins Klimaschutz Schweiz, der die Initiative trägt. Für mich ist die Gletscher-Initiative ein aktuelles Projekt, auch wenn es um ein Ziel fürs Jahr 2050 geht. Falls Volk und Stände die Gletscher-Initiative annehmen, können wir deren Ziele rasch umsetzen und müssen damit nicht bis morgen warten. Die Gletscher-Initiative ist mehr als ein Artikel in der Bundesverfassung, sie steht für eine Volksbewegung, die wirksamen Klimaschutz will. Sie gibt vielen Menschen, die von der Schweizer Klimapolitik enttäuscht sind, neue Hoffnung. Und sie vermag Leute zu mobilisieren, die die Klimakrise beunruhigt; solche, die bisher wenig interessiert waren an Politik. Das ist für mich ein Abenteuer, und ich bin mit ganzem Herzen dabei.

Eine andere Frage in meinem Leben ist, ob ich einmal Mutter werden möchte. Ich habe die Kleinen gern und habe viel mit ihnen zu tun. Aber ist es überhaupt vertretbar, angesichts der Klimakatastrophe noch Kinder zu haben? Denn die Kinder, die in den nächsten Jahren zur Welt kommen, wird die Klimaerhitzung mit voller Wucht treffen. Vielleicht sollten aber gerade Leute Kinder haben, die engagiert sind für unsere Zukunft, und ihnen die richtigen Werte mit auf den Weg geben. Ich bin optimistisch und setze darauf, dass die Menschen begreifen werden, dass politisches Engagement etwas nützt. Und die Politik bewegt sich, auch wenn es für mich manchmal zu kleine Schritte sind. Vielleicht wage ich den Schritt, eine Familie zu gründen.»

Biodiversität: Auf den Magerwiesen des Creux du Van blüht, was es auf Alpweiden selten gibt: der Gelbe Enzian.

Beim Drachentöter

Das Rascheln und Tuscheln hört auf. Das Licht im Saal geht aus, das auf der Bühne gleisst für den ‹Drachentöter›, die Heldengeschichte, wie in Biel eine Autobahn bekämpft und schliesslich 2020 verhindert worden ist – vorläufig. Auf der Bühne stehen Myriam Roth mit Damenhütchen und Benedikt Loderer mit Zylinder, am Bühnenrand sitzen René mit der Klarinette und Kathrin an der Handorgel. Unterhaltsam berichten die vier, wie aus einer Gruppe eine breit in der Stadt abgestützte, erfolgreiche Widerstandsbewegung entstanden ist. Sie deklamieren und singen, sie musizieren und predigen. Hinter ihnen Schrifttafeln mit Fakten.

Und so lernt das Publikum: Der erfolgreiche Widerstand hat vier Merkmale. Kenne den Stein des Anstosses, ist das erste. Benenne seine Hintergründe, Interessen und Ideologien und hole die Täterinnen und Täter ans Licht. In Biel tat dies hartnäckig eine Gruppe Fachleute aus Planung und Architektur, die begründet haben, warum eine Stadtautobahn heute nicht mehr geht.

Das zweite Merkmal ist das Gegenprojekt. Der Westast von Biel hatte einen weiten, millionenschweren Weg durch die Instanzen von Gemeinde, Kanton und Bund zurückgelegt. Da genügte weder das Unwohlsein der Bieler noch der Aufschrei der Bielerinnen, dass jede Autobahn die Klimakrise anheize. Auch dank eines Zufalls stiess ein erfahrener Bauingenieur zur Gruppe, der mit einem technisch wasserdichten Gegenprojekt das in Stein gemeisselt Scheinende zermürbt hat und zeigte: «Westast so besser.»

Das dritte Merkmal schafft den Moment. Der zornige Ruf reicht nicht, es braucht Institutionen, die weit in die Stadtgesellschaft reichen, um das Problem breit aufzuzeigen. In Biel stiessen Parteien und Verbände, Quartiervereine und Nachbarschaften zur Gruppe. Das Parlament wankte, die Exekutive kippte, und die Berner Regierung konnte auch mit dem Rundem Tisch das Projekt nicht mehr halten.

In Biel war Klimaspuren am 1. Juli im Theater und sah in Benedikt Loderers Moritat vom Drachentöter, wie eine Bürgerinitiative einen Autobahnbau mitten durch die Stadt fürs Erste gebodigt hat. ‹Sie› Myriam Roth; ‹Er› Benedikt Loderer, am Akkordeon Kathrin, an der Klarinette René.

Das vierte Merkmal: Tue Gutes und sprich darüber, ja rühre die Trommel. Die Bieler Bürgerinitiative zog alle Register von der Zeitung in Grossauflage über Stadtwanderungen entlang der geplanten Route bis zur Demonstration. Die Journalistin Catherine Duttweiler hob den Kampf gegen das Strassenungetüm mit einer Reportage im Magazin des ‹Tages-Anzeigers› auf die nationale Bühne. Je fantasievoller, desto besser ging der Widerstand voran, und nach dem Gesang des Drachentöter-Chorals im Gewand der alten Schweizer Nationalhymne ging das Bühnenlicht aus. Das Publikum dankte die Belehrung und Unterhaltung mit langem Applaus. Und das Saallicht ging wieder an. **GA**

Warme Tage, schwere Sorten, heitere Winzerinnen

Plantahof in Landquart, Räblus in Vingelz, La Maison Carrée in Auvernier, Phusis in La Sarraz und Champs Lingot in Anières bei Genf – Winzerinnen und Kellermeister richten ihre Reben und Trauben auf die Unwägbarkeiten des Klimawandels ein.

Walter Fromm ist Graubündens Rebbaukommissär: «Seit den 1970er-Jahren ist die Temperatur in den Schweizer Weinbaugebieten um zwei Grad gestiegen. Die Traubenernte findet alle zehn Jahre um eine Woche früher statt – 2020 einen Monat früher als 1980. Der Zuckergehalt, der den Reifegrad der Trauben anzeigt, ist höher, wodurch der Alkoholgehalt des Weins steigt. Die Aromen sind reifer, die Weine ausgewogener und die Qualität der Weine besser. War früher in Graubünden nur der Anbau von weissen Trauben möglich, später von Pinot Noir, so lässt das zunehmend wärmere Klima schwere rote Sorten wie Sangiovese, Tempranillo und Petit Manseng zu, wie wir sie aus Süditalien und Südfrankreich kennen. Die Rebberge werden wohl zusehends nach Norden und in die Höhe verschoben. In Süditalien wird es für Wein zu heiss, in England wird der Weinbau interessant.»

Ruth Wysseier und Werner Swiss Schweizer bewirtschaften das Weingut ‹Räblus› in Vingelz am Bielersee: «Das warme Klima ist gut für die Weine vom Jurasüdfuss. Doch extreme Wetterbedingungen werden häufig: Spätfrost, Hagelstürme, lange Trockenperioden, Hitzewellen und sintflutartiger Regen. Die Winter enden schneller, Spätfrost setzt den Reben im Frühling zu, und die Knospen bleiben zurück. Weinbau im Klimawandel muss darauf achten, ohne die üblichen Pestizide und Fungizide auszukommen. Wir steigen dazu auf Rebsorten um, die gegen Mehltau resistent sind und auf möglichst natürliche Weise angebaut werden können. Etwa Rotweine wie Regent, Cabaret Noir und Carbernet Jura. Bei den Weissweinen wählten wir Johanniter und Solaris.»

Steve Bettschen vom Weingut Phusis in La Sarraz (VD) keltert im Wallis und in der Waadt Weine: «Im Sommer 2020 erlebten wir hier in La Sarraz eine dramatische, dreiwöchige Dürre. Im Wallis waren die

Klimaspuren informierte sich mehrmals über den Zustand des Weinbaus im Klimawandel.
Am 4. Juni bei Walter Fromm auf dem Plantahof in Landquart,
am 2. Juli bei Ruth Wysseier und Werner Swiss Schweizer auf der Räblus in Vingelz,
am 4. Juli bei La Maison Carrée in Auvernier,
am 7. Juli bei Steve Bettschen vom Weingut Phusis in La Sarraz (Foto)
und am 12. Juli auf dem Weingut Champs Lingot in Anières.

Auswirkungen geringer, weil dort die Weinberge bewässert werden. In der Waadt ist das verboten – ausser bei jungen Reben. Die Widerstandsfähigkeit gegen Trockenheit hängt von der Bodenart ab. Durchlässige Böden wie Schiefer und Sand speichern die Feuchtigkeit schlecht und sind daher anfällig für Trockenheit. Ein Wurzelstock, der das verträgt, ist eine Alternative. Wir müssen aber bedenken, dass einen neuen Weinberg anzulegen eine Investition für fünfzig Jahre ist. Das macht den Entscheid bei all den Unsicherheiten schwer.» LW

Klimaspuren unterwegs in den Weinbergen der Bündner Herrschaft.

Sylvain Badan:
«Das Elektroauto in der Sackgasse»

«‹Was geschehen ist, ebendas wird hernach sein. Was man getan hat, ebendas tut man hernach wieder, und es geschieht nichts Neues auf der Strasse.› Diese weise Erkenntnis, leicht abgeändert, steht im Buch Prediger 1 in der Lutherbibel. Sie kam mir in den Sinn, als ich nach einem langen Wandertag abends im Hotelzimmer den TV-Spot für ein Elektroauto gesehen habe. Mit fast fünf Metern Länge, zwei Tonnen Gewicht und James-Bond-Gadgets hat der Film diesen Panzer als Zukunft für den mobilen und umweltfreundlichen Menschen angepriesen.

Die Werkzeuge der Mobilität hin zu ‹Netto Null› heissen: Benzin und Diesel besteuern, Parkplätze reduzieren, Grösse und Gewicht von Fahrzeugen begrenzen und kurz- und mittelfristiges Fahrverbot für Autos mit Verbrennungsmotor erlassen. Aber auch Bahn und Bus fördern, Velo- und Fussverkehr, Fahrgemeinschaften und Kombiangebote mehrerer Verkehrsmittel stärken. Busse und Züge fahren dicht im Land herum und unsere Postautos im Zickzack über die Berge: Die Infrastruktur für die Dekarbonisierung unserer Mobilität ist da, wir müssen sie nur nutzen und Zug um Zug verbessern.

Ich bin ein junger Verkehrsplaner und ich bin sicher, dass die individuelle Elektromobilität kein Ausweg ist. Ihre Auswirkungen aufs Klima sind enorm. Der Bau dieser High-Tech-Maschinen ist genauso energieintensiv wie der der Benzinkarren; die Herstellung und die Entsorgung der Batterien ist problematisch. Ein Elektromotor mag effizienter sein als einer mit Benzin. Das macht ihn besser, aber nicht gut, denn der für die E-Autos nötige Strom ist unsinnig verbrauchter Strom.

Sicher – auch ich bin gerne und viel unterwegs. Mobilität ist ein Grundrecht, aber es steht nirgends, dass das Privatauto sie gewährleisten muss. In der Verfassung steht aber, dass das Land und seine Gesellschaft sozial, wirtschaftlich und ökologisch nachhaltig gestaltet werden sollen. Was wir brauchen, heisst ‹nutzen statt besitzen›. Zu dieser Form des Brauchens gehört Carsharing, verbunden mit digitalen Diensten wie Taxis und Minibusse mit flexiblen Fahrplänen und

Sylvain Badan ist Verkehrsplaner.
Er gehört zur Kerngruppe von Klimaspuren und
hat unterwegs immer wieder über
eine klimavernünftige Verkehrspolitik berichtet.

Routen. Mobilität der Zukunft ist ein öffentliches und kein privates Gut mehr. Wir werden keine Autos mehr kaufen, sondern leisten uns den Service, um bequem von einem Ort zum andern zu kommen.

Doch machen wir uns nichts vor. Eine klimavernünftige Lebensweise zwingt uns, unsere Mobilität – auch die von öffentlichen Diensten geleistete – zu reduzieren. Sowohl die eigene als auch die all der Produkte, die wir konsumieren und die teils weite Transportwege haben.

Der Werbespot, den ich eingangs erwähnt habe, endet so: Ein grosses mit einem A geschmücktes Energielabel taucht neben dem fahrbaren Metallmonster auf. Ich kugelte mich vor Lachen.»

Die Horizontlinie vor Windturbinen schützen

Von weitem sichtbar zieht die Jurakette dem Schweizer Mittelland entlang. Die Lage ist exponiert und scheint geeignet für Windräder. Allein im Naturpark Chasseral bestehen Pläne für fünf Windparks mit Dutzender neuer Windturbinen. «Wenn diese Anlagen alle gebaut werden, dann wird es schwierig, ein Naturpark zu bleiben», sagt Parkdirektor Fabien Vogelsperger. Der Parc Chasseral ist ein Verein von 21 Gemeinden. Seit 2012 ist er ein regionaler Naturpark von nationaler Bedeutung. Auf seinem Mont Crosin steht das grösste Windkraftwerk der Schweiz. 16 Turbinen liefern Strom für rund 15 000 Haushalte. Für Raimund Rodewald von der Stiftung Landschaftsschutz Schweiz würden die weiteren Anlagen mit bis zu 200 Meter hohen Windrädern die vorderste Jurakette verspargeln – für ihn inakzeptabel. Doch auch er weiss, dass wer aus der Atomkraft aussteigen und die Dekarbonisierung erreichen will, Hand bieten muss: «Die Horizontlinie des Jura muss aber erhalten bleiben», so Rodewald. Und so handeln er und seinesgleichen mit den Kraftwerken das Zumutbare aus.

Die Schweiz ist kein Windland. Die dichte Besiedlung, das coupierte Relief, die vielen Wälder und die touristisch bedeutsamen Landschaften im Jura- und Alpenbogen bieten für Grosswindanlagen nur wenige günstige Standorte. Die von der Energiestrategie des Bundes geforderten 60 bis 80 Windparks mit 800 Grossturbinen hält Rodewald für unrealistisch: «Windparks können in der Schweiz höchstens an 40 bis 50 Standorten landschafts- und umweltverträglich gebaut werden. Darum muss eine Reihenfolge festgelegt werden. Zuerst können die Projekte mit dem besten Verhältnis von Stromertrag und landschaftlichem und ökologischem Schaden realisiert werden. Jene mit schlechteren Verhältnis später oder gar nie.» LW

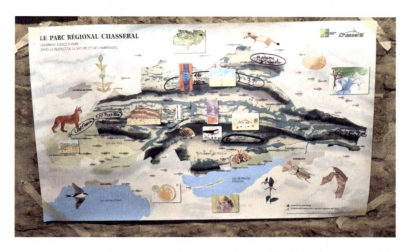

Im Hotel Cheval Blanc in Nods diskutierten Klimaspuren am 2. Juli
mit Fabien Vogelsperger vom Naturpark Chasseral (links) und
mit Raimund Rodewald von der Stiftung Landschaftsschutz Schweiz (rechts)
über geplante Windparks im Jura.

Köbi Gantenbein:
Predigt im Wald

Covid-19 läuft mit von Ilanz nach Genf, aber das Virus ermattet in der Sommerwärme. Zauberwälder gibt es im Jura. Sie sind Anlass und Ort für eine Predigt zu den Bäumen über die Soziologie der Krise.

Wälder im Neuenburger Jura verzaubern. Ein grossartiges Naturspektakel mit Sicht in das eigene Herz und in die Seele der Buchen. Der richtige Rahmen für die Wald- und Krisenpredigt des Klimaspurenwanderers mit dem roten Rucksack voller Erkenntnis.

«Liebe Buchengemeinde, lieber Sprudelbach, liebe Regentropfen. Im Buch Jakob steht zum Unterschied zwischen der Covid- und der Klimakrise geschrieben: ‹Das Corona-Virus will in den Körper und stiftet persönliche Nöte und eine bisher nie gekannte gesellschaftliche Krise. Bei der Klimakrise ist es umgekehrt – Gesellschaft und Wirtschaft lösen mit Treibhausgasen chemische und physikalische Ketten aus, die Lebensbedingungen weltweit rasant verändern und so dramatische Nöte stiften – für die Gesellschaft, die Wirtschaft, für einzelne Menschen, für die Schmetterlinge, die Bäume – für alles. Die Coronakrise wird eines Tages ermatten – dank Medikamenten und standhaften Leuten. Die Impfung ist die Rettung. Nicht so die Klimakrise – für sie gibt es keine Impfung. Es braucht ein anderes Leben.› Doch Prophet Jakob hat tröstende Worte. So unterschiedlich Ursachen und Folgen der Krisen sind, die Antworten werden ähnlich sein.

Das Verbot: Keine Barkante für die Geselligen und keinen Tanz für die Lustigen, das ist die polizeiliche Medizin gegen das Virus. Und gegen die Klimakrise wirkt keine Ölheizung mehr fürs Hüsli, kein Erdölgeschäft für den Bankier, keine freie Fahrt für freie Bürger im Auto. Von Corona lernen wir: Verbote gelten für alle, sie sind einsichtig, und sie sind ökonomisch effizienter als der verschlungene Weg über Kosten, Nutzen und Anreize. Die Eigenverantwortung aber ist schale Ideologie in der Seuche. Sie wird die Klimakrise nicht mildern.

Die Technik und die Wissenschaft: Diagnose, Analyse und Therapie des Virus sind in ein weltweites Observatorium und Labor verwandelt worden. Mit spektakulärer Forschung ist in kurzer Zeit der Impfstoff gefunden und millionenfach verteilt worden. Auch gegen die Klimakrise ist wissenschaftliche und technische Entwicklung entscheidend. Wie in der Seuche muss es gelingen, die Autorität der Wissenschaftler und Ingenieurinnen als Analystinnen der Klimakrise zu stärken und ihr Können als Helfer zu loben – und zu bezahlen. Und für Seuche und Klimanot gilt: Der Staat investiert Milliarden in Grundlagen, Aufbau von Wissen, Logistik und Private von Pharma- bis zu den ‹Netto-Null›-Firmen verdienen gut.

Die Wucht der Medien: Eindrücklich haben Facebook & Co. in der Coronakrise ihre Muskeln gezeigt. Was dort an Information vermittelt und inszeniert worden ist, war gleichwertig, egal ob eine Information auf wissenschaftlichen Erkenntnissen ruhte oder ob bizarre

Verschwörer wilde Theorien bar jeder Fakten zum Besten gaben. Sie haben schnell grosse Gemeinden gebildet, die sich selber gut genug waren und jedes andere Wissen ausgeschlossen haben. Die Information in der Klimakrise ist komplexer, sie ist abstrakt und scheinbar weit vom Körper entfernt. Die Verschwörungsrede der Klimaleugner wird die Faktenrede der Klimawissenschaftlerinnen umso mehr übertönen, sobald diese ernsthaft Änderungen von Produktions- und Lebensformen, von Gewohnheiten und Interessen verlangt.

Die Schönheit der Vielfalt: Bund, Kantone, Gemeinden – das Virus hat den Föderalismus zuerst lächerlich gemacht und ihm viele Tote abverlangt. Dann hat es ihn gestärkt. Die Kantone, gewohnt, laut zu rufen und nichts zu tun, mussten tun. Die Klimakrise ist wohl eine Weltkrise, aber die Weichen werden nahe bei den Menschen gestellt. Nachdem eine nationale Klimapolitik gescheitert ist, zeigen Kantone wie Glarus oder Zürich: Es geht dennoch, mit von einer Mehrheit begrüssten Gesetzen zum Wohl des grossen Ganzen. Doch geht es um die Einschränkung von Konsum, Flug- und Autofahrt, kennt manch einer kein Pardon. Da gibt es noch viel zu tun.

Die soziale Gerechtigkeit: Geld für die Wirte und Künstlerinnen, für Kurzarbeiterinnen, die das Virus aus dem Geschäft geworfen hat. Die Klimakrise wird ebenso Gewinner und Verliererinnen kennen. Nur die Umverteilung der Profite wird Klimapolitik gesellschaftlich tragbar machen. Innerhalb der Schweiz, in Europa, weltweit.

Schliesslich der Appell ans persönliche Verhalten: Abstand halten, Maske tragen, Hände waschen gegen das Virus. Das heisst übersetzt gegen die Klimakrise: wenig Fleisch essen, kein Geld in Banken anlegen, die ins Öl- und Gasgeschäft investieren, und nicht fliegen, sondern wandern.

Wahrlich, ich sage Euch, so wird es geschehen.»

Auch die gelben Zeiger im Wald sagen:
Du bist auf dem richtigen Weg.

Hochwasser in Neuenburg

Über Cressier liegt eine drückende Hitze, aus den Häusern dampft es und es mieft, die Erdgeschosse sind freigeräumt und leer, die Strassen aufgesprengt, die Gärten begraben unter meterhohem Schutt aus hellbrauner Erde, Steinen und Holz. 75 Häuser sind beschädigt. Auf den Strassen stehen vollgepackte Mulden. Spuren des Unwetters überall, das vor ein paar Tagen das Dorf im Kanton Neuenburg heimgesucht hat. Neben dem Schock über die Verwüstung war auch die Rechnung für den Kanton hoch: Zu den Hilfsgeldern des Bundes von 300 000 Franken bezahlte er fast zwei Millionen Franken für den Wiederaufbau von Strassen und für Hochwasserschutz. Wegen der Zunahme solcher Unwetter wird auch die ECAP, die kantonale Versicherungs- und Präventionsanstalt von Neuenburg, immer mehr zur Kasse gebeten. Allein in den Monaten Juni und Juli 2021 sorgten heftige Hagelschläge und Überschwemmungen für Schäden von gut 42 Millionen Franken. Fast auf den Tag genau zwei Jahre vor der Katastrophe von Cressier fiel im Val-de-Ruz in drei Stunden die Wassermenge eines ganzen Monats. Auch da blieben massive Schäden an den Strassen zurück, welche das Tal vom Rest des Kantons Neuenburg abschnitten. Ein Mensch starb in einem hochgehenden Bach. Extreme Unwetter dürften wegen der globalen Erwärmung immer häufiger und schlimmer werden. Sie fordern Menschenleben, zerstören Besitz, hinterlassen Not und Verzweiflung und verursachen grosse Kosten für die öffentliche Hand. LW

Klimaspuren wanderte am 3. Juli durch Cressier.
Zusammen mit mehreren hundert Soldaten krempelten
die Bewohnerinnen und Bewohner
die Ärmel hoch und beseitigten Schutt und Schlamm.

Auf dem Landschaftsbalkon über Cressier sass Klimaspuren am 3. Juli in Le Roc zum Picknick, schaute auf die Raffinerie und spekulierte über die Zukunft des Erdöls in einer Welt der Klima- und Kriegskrisen.

Beim Erdöl und Benzin

Wer auf dem Landschaftsbalkon bei Le Roc über dem Neuenburger Dorf Cressier sitzt, sieht auf eine Landschaft aus Leitungen, Kaminen, Tanks, Rohren und einen Verladebahnhof für Züge und Lastwagen – siebzig Fussballfelder gross ist die einzige Erdölraffinerie der Schweiz. 270 Beschäftigte produzieren in diesem imposanten Wirrwarr einen guten Viertel des hierzulande verbrannten Heizöls, Benzins, Kerosins und Diesels aus Rohöl, das durch eine Pipeline von Fos-sur-Mer in Südfrankreich hierherfliesst – jährlich 2,8 Millionen Tonnen. Die andern drei Viertel reisen – schon fertig für die Motoren gerüstet – mit Rheinschiffen, Tankzügen und Lastwagen ein. Erdöl, Benzin und Diesel verursachen in Heizungen und Motoren mehr als die Hälfte der inländischen Klimalast. Nimmt man die Methangase, die bei der Erdölförderung freigesetzt werden, und die Transportlasten dazu, so ist der Schaden des Erdöls in der Wirkung erschreckend.

Der Rohstoff für Cressier kommt aus Libyen, Kasachstan und Nigeria; einem Land im Bürgerkrieg, einem mit drakonischem Regime und einem, in dem die Menschen trotz des Erdöls arm sind und die Elite korrupt ist. Zwei Drittel liefern mittlerweile die USA. Dieses Öl gibt zu reden wegen des Frackings. Bei dieser Methode wird das Öl mit Unmengen an Wasser und Chemikalien aus dem Untergrund herausgepresst.

Zurück bleiben Umweltschäden, verschmutztes Grundwasser und Unmengen Methangas, dessen Klimafolgen weit verheerender sind als die des CO_2. Während wir eifrig diskutieren, woher unsere Lebensmittel stammen und dass sie unter ökologischen und fairen Bedingungen produziert werden sollen, herrscht beim Öl das grosse Schweigen.

Und so denkt der Klimaspurer vom Balkon auf Cressiers Öllandschaft blickend: Was tun? Und schreibt eine Postkarte mit Neuenburger Rebenlandschaft an Dev Sanyal, den Direktor der Firma VaroEnergy: «Sie haben neulich, geschätzter Herr Direktor, Ihr Amt angetreten mit dem Versprechen, Ihre Firma sei Teil der Lösung der Klima- und Weltprobleme und nicht deren Ursache. Sie wollten zunehmend künstliches Benzin herstellen, solches auch aus Bioabfall, und Sie hätten den CO_2-Ausstoss Ihrer Anlage in Cressier gesenkt. Flott so, ich gratuliere Ihnen. Und rate obendrauf: Bestellen Sie das dennoch nötige Rohöl nur noch in Norwegen. Man hört, dass es dort sauberer gefördert werde als anderswo und Diktatoren müssen sie dort keine mästen. Auch wenn das am Welt- und Klimazustand nichts ändert – es wäre ein starkes Zeichen und würde sich in Ihrem verfemten Geschäft gewiss gut machen. Denn so gut unser Recht ist, beim Brot zu wissen, wie es gebacken worden ist, so möchten wir vom Benzin wissen, dass kein Blut es verdünnt.»

Die Postkarte geht an die Riedstrasse 8 nach Cham bei Zug. Dort hat Dev Sanyal sein Büro und VaroEnergy ihren Sitz. Die Firma gehört The Carlyle Group, einem der grossen Vermögensverwalter aus Amerika, und der Firma Vitoil, die wie die Firmen Gunvor oder Trafigura als eine der grossen Ölhändlerinnen von Genf aus geschäftet. Zusammen mit Glencore, die ebenfalls im Kanton Zug zu Hause ist, beherrschen diese glorreichen Vier den Erdölhandel der Welt. Tiefe Unternehmenssteuern, stabile politische Situation, gut ausgebildete Leute und starke Banken helfen ihnen, damit sie von der Schweiz aus ihre kapitalintensiven und riskanten Geschäfte stemmen können. Auch mögen sie, dass die Politiker hier lieber leidenschaftlich über Sonne, Stauseen und Atomkraftwerke streiten, als es mit der klimaverderblichen fossilen Energie zu verderben. Und dennoch tun sie es ab und zu, etwa mit dem CO_2-Gesetz vom Juni 2021. Da aber kriegte auch die Schweiz die starke Hand des Öls zu spüren. Von Shell bis Socar, von Agrola bis Total, von BP bis Tamoil haben die Erdölfirmen Hand in Hand mit der SVP und ihren für die Erdöllobby arbeitenden Politikern das Gesetz geschickt und finanzstark gekippt. GA

Ein Viertel des in der Schweiz verbrannten Benzins, Heizöls, Diesels und Kerosins wird in den Anlagen von Cressier raffiniert — 2,8 Millionen Tonnen pro Jahr.

Stéphanie Penher:
«Es geht ohne Benzin und Diesel»

«Wir müssen uns gehörig sputen, um ‹Netto Null› im Verkehr zu erreichen. Was es braucht, zeigt der ‹Masterplan fossilfreier Verkehr›, den der Verkehrs-Club der Schweiz (VCS) aufgrund einer Studie des Planungsbüro Infras geschrieben hat. Vorab: Wir werden das individuelle Autofahren um mindestens 25 Prozent reduzieren müssen, besser um 45 Prozent. Um die Verlagerung auf den öffentlichen Verkehr zu stützen, soll das Angebot an Wochenenden und Feiertagen flexibler auf die Nachfrage ausgerichtet und ausgebaut werden. Auf der Strasse brauchen der Fuss- und Veloverkehr mehr Platz. Tempo 30 als Regelgeschwindigkeit im Siedlungsgebiet und mehr Frei- und Grünräume statt Flächen fürs Auto sorgen für Lebensqualität und unterstützen die Verlagerung auf den Fuss- und Veloverkehr. Das Recht auf Home-Office wird den Pendelverkehr reduzieren, und Mobility-Pricing hilft, motorisierten Verkehr zu vermeiden und zu verlagern. Die Elektrifizierung des verbleibenden Fahrzeugbestandes ist nötig, darf aber kein Freipass für leistungsstarke und schwere Fahrzeuge sein. Dafür sind Effizienz-, aber auch Grössenvorschriften nötig. Damit Elektromobilität fossilfrei wird, braucht es einen erheblichen Ausbau von erneuerbarem Strom. Keine Massnahme allein wird aber für die Umstellung auf eine fossilfreie Mobilität reichen – mit einer Kombination ist ‹Netto Null› aber bis Mitte Jahrhundert realistisch. Ich bin sicher: Es geht ohne Benzin und Diesel. Es geht aber nicht ohne Verhaltensänderungen und einen technologischen Schub.»

Stéphanie Penher ist Bereichsleiterin Verkehrspolitik und Kampagnen beim VCS.
Sie stellte Klimaspuren am Mittags-Picknick des 3. Juli
hoch über dem Neuenburgersee den ‹Masterplan fossilfreier Verkehr› vor.

Klimavernünftig bergwärts

Viele Bergtouren beginnen mit einer langen Fahrt mit dem Privatauto. Das Hüttenbier kommt per Helikopter. Eine klimavernünftige Zukunft sieht der Schweizer Alpen-Club SAC anders: Bergsportlerinnen und Alpinisten fahren mit Bahn, Bus, Alpentaxi und Elektrofahrzeugen an den Fuss des Berges. Die Energie für die Hütten entsteht direkt vor Ort. Die Lebensmittel- und Materialtransporte erledigen wo möglich Maultiere, Hüttengäste oder der Elektro-Helikopter. Und Ausrüstungen wie Kleider, Schuhe, Seile und Skier sind klimaneutral und umweltverträglich hergestellt und werden so lange wie möglich benutzt.

Die Klimaerwärmung verändert den Bergsport. Gletscherrückgang, auftauender Permafrost und frühere Schneeschmelze an den Bergflanken machen Routen unberechenbarer und gefährlicher. Hütten sind bedroht, die Wasserversorgung wird schwieriger, und Hüttenzustiege müssen neu gebaut werden. Benno Steiner, Fachleiter Landschafts- und Klimaschutz beim SAC, sagt: «Der Alpenclub lebt in seinen 111 Sektionen, darum ist die Aufgabe des Zentralverbandes, die Sektionen und Alpinisten vorzubereiten, was auf sie zukommt, und auf dem Weg zu ‹Netto Null› zu unterstützen.» Und Maren Kern, Geschäftsführerin von Mountain Wilderness Schweiz, ergänzt: «Bergsport muss künftig ohne Motoren auskommen. Heli-Skiing, Heli-Biking, Heli-Hiking und Offroader gehören verboten.» LW

Am 4. Juli lud der SAC Klimaspuren vor dem Lathénium in Neuchâtel zum Workshop ‹Bergsport 2050› ein.

Lena Gubler (links) ist Geografin, und Irmi Seidl ist Ökonomin.
Sie arbeiten in der Forschungseinheit Wirtschafts- und Sozialwissenschaften
an der Eidgenössischen Forschungsanstalt WSL in Birmensdorf.
Sie haben 2020 mit der Studie ‹Biodiversitätsschädigende Subventionen
in der Schweiz› für Aufsehen gesorgt.
Lena Gubler wanderte am 27. und Irmi Seidl am 28. Juni
auf Klimaspuren mit.

Fragen an Lena Gubler und Irmi Seidl: Wie schwächen staatliche Subventionen die Biodiversität?

Lena Gubler und Irmi Seidl, ihr befasst euch als Geografin und Ökonomin mit Subventionen, die der Biodiversität schaden. Was ist die zentrale Erkenntnis eurer Forschung?

Irmi Seidl: Wir haben für die Schweiz rund 160 solche Subventionen identifiziert, davon schaden sicher 50 auch dem Klima. Bei mehr als der Hälfte geht es nicht um Gelder, die irgendwohin fliessen, sondern der Staat verzichtet auf Einnahmen, zum Beispiel durch Steuervergünstigungen. Diese Art von Subvention ist weniger bekannt und oft nicht quantifiziert. Zusätzlich gibt es implizite Subventionen, das sind vor allem externe Kosten. Die externen Klimakosten des Strassenverkehrs machen 800 bis 2700 Millionen Franken pro Jahr aus. Unsicherheiten und unterschiedliche Kostenansätze erklären die recht weite Spanne.

Welche sind die klimaschädlichsten Subventionen?

Lena Gubler: Die massiven Steuererleichterungen auf fossilen Treibstoffen. Denn für den internationalen Flugverkehr wird keine Mineralölsteuer erhoben, auch keine CO_2-Abgabe und keine Mehrwertsteuer. Weiter erhält der Flugverkehr Emissionshandelszertifikate gratis, und er bezahlt keine Abgaben auf Versicherungsprämien. Treibstoffe im Strassenverkehr sind von der CO_2-Abgabe ebenfalls befreit, im Gegensatz zu Heizöl und -gas. Kommt dazu, dass die Mineralölsteuer nur unzureichend an die Teuerung angepasst wird. Auch landwirtschaftliche Fahrzeuge, konzessionierte Transportunternehmen, Pistenfahrzeuge oder der Schiffsverkehr sind von der Mineralölsteuer befreit, wodurch der Staat jährlich 170 Millionen Franken verliert. Grossverbraucher wie die Zement- und Stahlproduktion sind ebenfalls von der CO_2-Abgabe befreit. Sie sind zwar in den Emissionshandel eingebunden, erhalten allerdings einen hohen Anteil an Handelszertifikaten kostenlos. Auch profitieren sie von günstigen Energiepreisen dank der Liberalisierung des Strommarktes, von der Privathaushalte ausgeschlossen sind, der Netzzuschlag wird ihnen teils rückerstattet. Schliesslich: Auch in der Landwirtschaft verursachen Stickstoffe und Treibhausgase externe Kosten, die weder Bauern noch Konsumenten bezahlen.

Wie stehen klimaschädliche Subventionen im Vergleich zu Subventionen für mehr Klimaschutz?

Irmi Seidl: Der Bund gibt jährlich rund 500 bis 1200 Millionen Franken für Massnahmen aus, die die Biodiversität stärken. Dagegen stehen mindestens 40 Milliarden Franken Subventionen, die ihr mindestens partiell schaden. Ein ansehnlicher Teil dieser Milliarden dürfte klimarelevant sein, aber bisher fehlen präzise Daten dazu.

Könnten diese Subventionen nicht einfach aufgehoben werden?

Irmi Seidl: Bestehende Subventionen aufzuheben ist meist nicht einfach. Unter anderem, weil eingespielte Systeme verändert würden. Etwas einfacher und häufig wirksamer ist, die Bedingungen für Subventionen zu ändern. Gleichwohl: Es ist einfacher, neue Abgaben zu erheben oder Regelungen zu verändern, als Subventionen abzuschaffen. Ein Beispiel ist der Flugverkehr: Das CO_2-Gesetz wollte eine Flugticketabgabe. Doch man sollte besser die Subventionierung des Flugverkehrs abschaffen, zum Beispiel die Steuerbefreiung von Kerosin aufheben. Und es ist zentral, neue Subventionen auf ihre Klimaverträglichkeit zu prüfen und die geltenden regelmässig zu evaluieren.

**Gibt es Subventionen, welche gut für den Klimaschutz,
aber schlecht für die Biodiversität sind?**

Lena Gubler: In den meisten Fällen heisst Schutz der Biodiversität auch Klimaschutz. Doch es gibt Zielkonflikte. So gehen wegen der Isolation von Gebäuden Nistplätze für Vögel und wegen der baulichen Verdichtung Grünräume in Siedlungen verloren. Zu Konflikten führt auch die Nutzung der Wasser- und Windkraft. Vor allem die zahlreichen kleinen Kraftwerke, die lange grosszügig gefördert wurden, setzen der Biodiversität im und am Wasser zu.

**Auf Klimaspuren erhielten wir den Eindruck,
dass gerade im Strassenbau zu viel Geld vorhanden ist.
Stimmt diese Wahrnehmung?**

Lena Gubler: Ja, durchaus. Das Geld aus der Mineralölsteuer und anderen Abgaben im Verkehr fliesst weitgehend in zweckgebundene Fonds, aus welchen Strassenbau und Unterhalt finanziert werden. Diese Fonds sind gut gefüllt. Zugleich spült der wachsende Verkehr noch mehr Geld in die Kassen, was falsche Anreize schafft und den Ausbau fördert. Ein kleiner Teil des Geldes fliesst zwar auch in den Umweltschutz, doch sicherlich zu wenig angesichts der hohen externen Kosten des Verkehrs. Der Raum für weiteren Strassenbau wird immer knapper, ökologisch wertvolle Flächen geraten zunehmend unter Druck.

**Könnte die Abschaffung der Subventionen
die Klimakatastrophe verhindern?**

Irmi Seidl: Wenn die klimaschädlichen Subventionen umgestaltet und externe Kosten internalisiert würden, dann änderte sich ganz viel ganz schnell. Im Flugverkehr müsste nur schon wegen der externen Kosten eine Tonne CO_2 knapp 600 Franken kosten. Dadurch würde ein Flug von Zürich nach London etwa 100 Franken, einer nach Bangkok 900 Franken teurer. Den Klimazielen kämen wir damit einen Schritt näher. Um mit dem Abschaffen zu beginnen, könnte bei europäischer Koordination zügig die Befreiung des Flugverkehrs von der Mehrwertsteuer abgeschafft werden. zs

Im Linnholz bei Schellenberg FL: Nicht nur im Dickicht der Wiese, sondern auch in dem der Subventionen muss aufgeräumt werden.

Anders erfolgreich wirtschaften

1979 lernten ein paar junge Leute auf einem Hof hoch über dem Neuenburgersee biodynamisch bauern. Heute ist L'Aubier ein Bauernhof, eine Käserei, ein Laden, ein Restaurant, ein Hotel, eine Akademie, eine Siedlung mit zwanzig und ein Haus mit neun Wohnungen. In der Stadt Neuenburg gehören ein kleines Hotel, ein Café und eine Kaffeerösterei dazu.

L'Aubier heisst auf Deutsch Splintholz. Das ist der Teil des Baumes zwischen Rinde und Kernholz. Durch den Splint fliesst das Leben. Grund der vorzüglichen Landwirtschaft und Hotellerie von L'Aubier ist die über lange Jahre erprobte Betriebsführung des ‹assoziativen Wirtschaftens›. Sie ruht auf Ideen von Rudolf Steiner, und es ist faszinierend, wie hier Steiners Denkgebäude mit eigenen Vorstellungen vom guten Leben verbunden wir. Das beginnt bei der Eigentümerschaft. L'Aubier ist ein komplexes System von Stiftung, zwei Aktiengesellschaften und einem Förderverein, das das Gleichgewicht zwischen denen, die arbeiten, und denen, die Kapital zur Verfügung stellen, balanciert. Und das gilt auch für den Auf- und Ausbau eines Betriebs, der das gemeinnützige Wirtschaften der Profit- und Konkurrenzwirtschaft entgegenstellt – und sozial und ökonomisch erfolgreich ist. Auch weil sich diese Wirtschaft der Preisspirale, je billiger, desto besser, verweigert, mit der Erfahrung, dass das Gute seinen Preis haben kann.

So ist L'Aubier beispielhaft für die Herausforderungen des Klimawandels, die wir nicht allein mit technischer Intelligenz bewältigen können. Es braucht Modelle, wie wir die Welt einrichten, ohne dass wir sie zugrunde richten. Und über aller Theorie ist L'Aubier ein zauberhafter Ort in der Neuburger Altstadt und hoch über dem Neuenburgersee mit stimmiger Architektur zum Übernachten und hervorragendem Essen und Trinken zum Fröhlichsein. GA

Gutes Bauern lässt auch Blumen im Kornfeld stehen.

Hansruedi Hitz:
«Wir müssen rasch mehr werden und rasch mehr tun!»

Hansruedi Hitz, Stadtgeograf und Kulturflaneur aus Luzern, wanderte auf rund der Hälfte der Klimaspuren-Etappen mit und berichtete in www.kulturflaneur.ch darüber.

«Mich faszinieren Weitwanderungen, also die Idee, zu Fuss nicht nur von A nach B zu gehen, sondern weiter nach C, D, E ... Ganz besonders angetan bin ich von Wanderungen, die einem Thema gewidmet sind, wie die 35 Lokaltermine, die Jürg Frischknecht 1987 für sein Wanderbuch ‹Wandert in der Schweiz solang es sie noch gibt› zusammengestellt hat. Als einer der Ersten hat er in diesem Buch begonnen, was auch Klimaspuren getan haben. Als Kulturflaneur erschliesse ich mir die Welt mit Quartierrundgängen, mit Expeditionen in die Agglomeration Luzern, mit Streifzügen durch die Genfer Banlieue, mit Wanderungen durchs Rote Wien oder die Londoner Docklands. Beim Flanieren stosse ich auf interessante Geschichten, recherchiere dann die Hintergründe und dokumentiere alles auf meiner Website.

Klimaspuren waren für mich mehr als eine thematische Weitwanderung. Klimaspuren, das waren unzählige Gespräche nicht nur übers Klima, sondern auch über ganz Persönliches, denn nichts bringt Unbekannte so rasch näher wie gemeinsames Wandern. Klimaspuren ist Weiterbildung: Schockiert hat mich eine Karte, die der Bündner Rebbaukommissär Walter Fromm im Plantahof in Landquart präsentiert hat. Sie zeigte die Folgen einer Erwärmung um zwei Grad für den Weinbau. In all den klassischen Weinbaugebieten in Südeuropa wird dann Weinbau nicht mehr möglich sein, während er sich in Nord- und Osteuropa ausbreiten könnte.

Auch über die Klimaschädlichkeit von Beton weiss ich jetzt viel mehr. Mir wurde klar, dass die Zementindustrie für einen erheblichen Teil der CO_2-Emissionen verantwortlich ist. Seither verfolge ich Berichte über das neue Betonrezept, das an der ETH Lausanne entwickelt wurde und die CO_2-Emissionen um etwa 30 Prozent reduziert, mit grossem Interesse. Aber mir wurde klar, dass es keinen klimaneutralen Zement geben wird. Klimaspuren war Auseinandersetzung: Das unversöhnliche Aufeinanderprallen von Klimaaktivistinnen mit dem Zementwerkdirektor im Kalksteinbruch auf dem Mormont hat mich aufgewühlt.

Klimaspuren sind ein Hoffnungsschimmer: Zahlreiche Lokaltermine und Präsentationen zeigten, dass es in der Schweiz viele Menschen gibt, denen es nicht egal ist, wenn die Welt den Bach runtergeht, und die gegen den Klimawandel konkret etwas tun. Nur: Wir müssen rasch mehr werden und rasch mehr tun!»

Raps, Hochstämmer, Weideland und Windfänger – eine Agrarlandschaft bei Onnens VD.

Schellente und Rallenreiher

Antoine Gander arbeitet in der Grande Cariçaie am Südufer des Neuenburgersees bei Yverdon. In diesem Paradies leben tausende Vögel mit hunderten anderer Tierarten zusammen – ein Viertel der schweizerischen Fauna ist hier vertreten. Antoine stellt fest, dass die Zahl der Zugvögel in den letzten Jahren trotz der Dürre in der Sahelzone und der darum verlorenen Lebensräume überraschend stabil geblieben ist. Die Nachtigall komme immer noch zurück. Aber die Klimaveränderung verschiebe die Reisegewohnheiten. Zugvögel spüren die Klimanot besonders, denn sie sind an mehreren Orten zu Hause, die der Klimawandel je unterschiedlich verändert, und überdies sind sie den Wetterkapriolen auf ihren Mittel- und Langstreckenflügen ausgesetzt. Immer häufiger nisten mediterrane Arten wie der Bienenfresser oder sogar der Rallenreiher bei uns, und der Rohrschwirl ist erst vor kurzem in der Grande Cariçaie angekommen. Auch die Terminpläne ändern. Der Eissturmvogel kommt im Frühjahr früher an, fliegt früher weiter nordwärts und kommt im Herbst später zurück. Die Schellenten fliegen gar nicht weiter nach Süden, sondern überwintern am Neuenburgersee. Solchen Veränderungen muss auch die Beute genügen, die die Vögel für sich und ihre Jungen fangen. Und so haben die Arten, die später an ihre Nistplätze kommen, Futtermangel. Es gibt auch Krisengewinnerinnen wie die Felsenschwalbe oder den Seidenreiher, die sich offenbar geschmeidig und schnell an die veränderten Bedingungen anpassen können und denen es im wärmer werdenden Norden gefällt. Von allen Vögeln sind gut 15 Prozent Gewinner; 85 Prozent wie das Schneehuhn oder das Rotschwänzchen werden dagegen Mühe haben, sich einzurichten. Bei all der Klimanot wollen wir aber nicht vergessen, dass die massive Veränderung der Lebensräume die Vögel stärker bedroht als die Wärme. Wo einst der Zaunkönig herrschte, regiert heute der Mensch ohne viel Federlesens. LW

Klimaspuren stieg am 12. Juli in Yverdon in aller Herrgottsfrühe aus den Federn, um im Zentrum Champ-Pittet von Pro Natura in der Grande Cariçaie die Vogelwelt zu inspizieren. Es zeigten sich nur wenige Vögel, viele blieben wohl wegen des garstigen Regenwetters länger im Nest als die Klimaspurer.

Fragen an Daniel Rochat: Was hat der Kampf für einen Hügel mit Klimaschutz zu tun?

Daniel Rochat, du bist Vorstandsmitglied der Bürgerinitiative Association pour la Sauvegarde du Mormont (ASM). Sie kämpft gegen die Zerstörung des Mormont bei La Sarraz. Deine Verbundenheit mit dem Ort ist eindrücklich. Woher kommt sie?

Daniel Rochat: Ich war die meiste Zeit meines Berufslebens Lehrer in La Sarraz, und Le Mormont war ein wertvoller Ort des Lernens für die Kinder und mich. Auch an Weihnachten war ich mit meinen Schülern dort. Wir haben die Bäume mit Kerzen geschmückt, wir haben Lieder gesungen, die ich auf der Gitarre begleitet habe. Unter unseren Füssen lagen Gräber mit Opfergaben aus der Zeit der Kelten. Ich habe so viele schöne Erinnerungen an die Orte, die der Abbau der Kalkfelsen für den Zement für immer verändert. Es sind nicht nur Orte der Erinnerung; es sind einzigartige Orte. Vom Mormont geht eine besondere Energie, eine starke Kraft und eine grosse Ruhe aus. Ich kenne Leute, die nicht mehr auf den Mormont wandern, weil sie weinen müssen, wenn sie sehen, wie ihn die Maschinen zerstören.

Was hat dein Engagement für diesen Ort ausgelöst?

Daniel Rochat: Die Zerstörung geschah lange Zeit in kleinen Schritten. Ich habe mir nicht vorstellen können, einmal zu erleben, was jetzt geschieht. Aus dem kleinen Betrieb, der zunächst ‹Kalk und Zement› hiess, wurde Holcim, dann Lafarge-Holcim und seit kurzem wieder Holcim. Seit Ende der 1990er-Jahre hat der Konzern die Ausbeutung des Steinbruchs beschleunigt. Kleinere Zementfabriken wurden geschlossen, und Holcim

Daniel Rochat führte Klimaspuren am 8. Juli über verwunschene Pfade auf den Mormont. In den Steinbrüchen des Holcim-Zementwerks stellte sich François Girot, der Direktor des Werks von Eclépens, couragiert der Kritik, wohlwissend, «dass ich hier der Böse bin». Später traten Aktivistinnen und Aktivisten der ‹Zone à défendre› mit Reden gegen die Zerstörung des Klimas auf. Sie hielten den Mormont zwischen Oktober 2020 und März 2021 besetzt und sind dann von der Polizei abgeführt worden.

und der Kanton Waadt haben Vereinbarungen getroffen, um mehr und schneller Kalkstein abzubauen. Für viele Menschen war das Zementwerk der Vater und Beschützer, der sie beschäftigte, ernährte und beherbergte. Heute aber sind die Vorteile verschwunden. Die Abgabe an die Gemeindekassen ist mit 500 000 Franken lächerlich gering. Trotzdem haben die Gemeindepolitiker alle kritischen Fragen abgeblockt und versucht, den Widerstand gegen die Zerstörung des Mormonts abzuwürgen. Das hat zur Gründung unserer Bürgerinitative, der ASM, geführt.

Wie hast du den Kampf für den Mormont erlebt?

Daniel Rochat: Ich entdeckte eine Welt, die ich nicht gekannt habe, und hatte das Gefühl, getäuscht worden zu sein. Die Grauzonen in den Planungsunterlagen, Anfragen und Verfügungen unserer Behörden sind endlos. Das Bundesinventar der Landschaften und Naturdenkmäler schützt den Mormont – mit Ausnahme des Steinbruchs und des Birette-Plateaus, wo die Erweiterung geplant ist. Die Waadtländer Behörden gewährten dem Zementhersteller Privilegien, indem sie ihm etwa acht Hektar gutes Ackerland zur Verfügung stellen. Wie ist es zu rechtfertigen, dass die Kehrichtverbrennung in Lausanne mit grossem Aufwand mit einer Rauchgaswaschanlage ausgestattete werden musste, während die Zementhersteller nicht den gleich strengen Anforderungen unterliegen? Dies sind nur zwei Beispiele, warum wir Widerstand leisten. Ohne die Arbeit unseres Vereins, der mehr als 450 Mitglieder aus über hundert Gemeinden hat, wäre der Mormont heute zerstört. Demokratie ist ein Kampf und keine Errungenschaft.

Du erwähnst das Ökosystem des Mormont und dessen archäologischen Wert. Kannst du Näheres erzählen?

Daniel Rochat: Die archäologischen Funde aus der Eisenzeit sind einzigartig in Europa. Die Objekte und Skelette, die bei Grabungen entdeckt wurden, sind in Menge und Qualität ausserordentlich. Allein aus archäologischen Gründen müsste dieses Erweiterungsprojekt gestoppt werden. Und wenn wir uns den Reichtum an Fauna und Flora ansehen, ist die geplante Erweiterung des Steinbruchs alarmierend: Die Bagger bedrohen natürliche Kreuzungen von Eichen und Linden, 900 gelistete Pflanzenarten, davon 200 bedroht und 100 auf der Roten Liste, wachsen hier. Zudem leben auf dem Mormont 82 Vogelarten, 32 davon stehen auf der Roten Liste, aber auch Kleinsäuger, Reptilien, Amphibien. Kurzum, hier wird ein Hotspot der Biodiversität zerstört.

Reden wir über Holcim. François Girot, der Direktor des Zementwerks, erläuterte, warum am Mormont Kalkstein abgebaut werde. Er führte aus, dass es für den Klimaschutz sinnvoller sei, am Mormont in einem Werk mit hochgerüsteter Technik lokalen Zement zu gewinnen, als solchen mit einer katastrophalen CO_2-Bilanz zu importieren. **Was sagst du dazu?**

Daniel Rochat: Ich lobe Direktor Girot, wie er sich meiner Kritik öffentlich stellt. Aber das ändert nichts an meiner Meinung. Holcim streicht das Positive heraus und verschweigt das Schwierige. Die Fabrik lobt das Nisten eines Falken im Steinbruch, während diese schönen Vögel überall in unseren Dörfern nisten. Sie rühmen sich, 45 Prozent des Zements mit der Bahn zu transportieren, aber 55 Prozent der 700 000 Tonnen Zement pro Jahr landen eben auf Lastwagen. Holcim betont, wie sich die Zementfabrik an der Fernwärme der Region beteilige, die Wärme für unsere Häuser kommt aber aus ihrer Verbrennung von Klärschlamm, Reifen und Kunststoffen.

Zwischen Oktober 2020 und März 2021 haben junge Aktivistinnen und Aktivisten auf dem Mormont die erste ‹Zone à défendre› der Schweiz eingerichtet und das Plateau de la Birette fünf Monate lang mit einer landesweit beachteten Aktion besetzt. Wie hast du diese Zeit erlebt?

Daniel Rochat: Als einen Segen! Unser Verein hat diese eindrückliche Aktion unterstützt. Sie hat unsere Lebensweise, unseren demokratischen Prozess und unsere Organisation der Gesellschaft hinterfragt. Mir hat die Art der Aktivistinnen und Aktivisten gut gefallen. Vor allem der gewaltlose Protest. Holcim, die Polizei und Justiz sind hart eingefahren und haben die jungen Leute abgeführt. Doch deren Mut hat die Probleme und Fehler in unserem System schonungslos aufgedeckt.

Was plant der Verein als Nächstes?

Daniel Rochat: 2022 wird eine kantonale Initiative ‹Mormont retten› lanciert. Wir wollen neben dem Schutz des Mormont die Gemeinden und den Kanton ermutigen, andere Baustoffe als Zement und Beton zu verwenden. Es ist an der Zeit, die Ressource Kalkstein besser zu nutzen, als damit die CO_2-Belastung des Klimas zu verschärfen. Kalkstein ist eine endliche Ressource, die nur für dringenden Bedarf verbraucht werden soll. Viele Behörden, Bauherren und Architekten haben das noch nicht begriffen. Der Kampf am Mormont ist auch einer für den Klimaschutz. **SB**

Seit 1954 baut die Holcim am Mormont Kalkstein für die Zementherstellung ab. Die aktuelle Konzession läuft bis 2029.

Tania Chassot:
«In der Schweiz geht Klimaschutz nur, wenn eine Mehrheit begreift, dass wir unsere Probleme nicht einfach in den Süden auslagern können»

Tania Chassot ist ehemalige Fussballprofi, Velokurierin und studiert Geschichte. Sie wanderte von Yverdon bis Lausanne auf Klimaspuren mit und war am 8. Juli bei der Begegnung mit der Bewegung ZAD und der Holcim auf dem Mormont dabei.

«Ich lebe in Murten und studiere an der Uni Fribourg Geschichte, nebenbei verdiene ich als Velokurierin meinen Unterhalt. Das passt mir, weil ich ein Bewegungsmensch bin. Mit meinem Fixed-Gear-Velo bin ich zu jeder Jahreszeit auf den Strassen von Bern unterwegs. Obwohl diese Arbeit streng und der Verdienst gering ist, bin ich froh, in solch einer Community einen Platz gefunden zu haben. Auf Klimaspuren bin ich über eine Kollegin gestossen und habe mich zusammen mit meiner Beziehungsperson dazu entschieden, zwei Etappen mitzuwandern. Auch weil die Wanderung am geräumten ZAD-Gelände auf dem Mormont vorbeikam. Auf das Gespräch mit dem Vertreter des Holcim-Konzerns war ich besonders gespannt. Nicht überraschend lagerte François Girot im Namen des multinationalen Konzerns die Verantwortung für die Zerstörung der Biodiversität aus.

Die polizeiliche Räumung des ZAD ist eine Machtdemonstration. Dass Holcim und ähnliche Multis zu den ‹Carbon-Majors› gehören, zu den Unternehmen, die global am meisten CO_2 ausstossen und so die globale Klimakrise befeuern, wurde leider nicht angesprochen.

Lange Jahre spielte ich professionell Fussball bei den Berner Young Boys, in der Juniorinnen-Nationalmannschaft und in den USA, wo ich durchschnittlich sieben Mal in der Woche trainierte. Das hat mir für mein Leben viel mitgegeben, und ich durfte viel über mich lernen. Während meiner Zeit im Gymnasium kam ich neben dem Leistungssport auch in Berührung mit politischen und systemkritischen Perspektiven. Mit dem Ende meiner Fussballkarriere vor drei Jahren wurde bei mir viel Kapazität frei. So erweiterte sich auch mein politischer Zugang zu dieser Welt nochmals. Ich engagiere mich heute in queer-feministischen, antirassistischen, emanzipatorischen, kapitalismuskritischen und ökologischen Bewegungen.

Die Klimabewegung und die vielen anderen weltweiten Bewegungen geben mir Hoffnung, dass doch noch eine grundsätzliche Wende möglich wird. In der Schweiz geht das nur, wenn eine Mehrheit begreift, dass wir unsere Probleme nicht einfach in den Süden auslagern können. Gleichzeitig müssen die Unternehmen zur Verantwortung gezwungen und Klimaneutralität muss ökonomisch für alle möglich werden. Länder wie das unsere haben eine grosse historische Verantwortung, ‹Climate Justice› und Gender-Gerechtigkeit sind die Leitfäden dazu.»

Fragen an Melanie Müller und Julie Milani: Gibt die weltweite Klimabewegung Anlass zur Hoffnung?

Julie Milani (l.), Studentin der Musikwissenschaften aus dem Jura, und Melanie Müller (liegend), Sekundarlehrerin aus Bern, stiessen am 4. Juli in Neuchâtel zu Klimaspuren und wanderten bis nach Genf mit.

Melanie Müller und Julie Milani, ihr wart gemeinsam auf Klimaspuren mit dabei. Was verbindet euch?

Melanie Müller: Wir haben in unseren Gesprächen herausgefunden, dass wir die Welt ähnlich anschauen. Es interessiert uns, wie Menschen miteinander umgehen, wie Wandel von unten geschehen kann.

Julie Milani: Als Greta Thunberg bekannt wurde, erlebte ich viele Diskussionen. Das schärfte mein Bewusstsein für die Umwelt, für die Dinge, die uns umgeben. Melanie und mich verbindet der Klimastreik, der Unmut über die gegenwärtige Situation. Auf Klimaspuren konnten wir über unsere Erfahrungen mit Gleichgesinnten reden.

«Dénoncer le capitalisme», habt ihr in einer spontanen Rede an der abschliessenden Kundgebung in Genf gefordert. Was meint ihr damit?

Melanie Müller: Dénoncer heisst anprangern. Das wollen wir – und ja, ich bin gegen den Kapitalismus. Er ist mit seinem Wachstumszwang die wichtigste Ursache für die Klimakrise.

Julie Milani: Ich finde, es geht um ein Problem des Systems, das nicht von Einzelnen gelöst werden kann. Doch Politikerinnen, Politiker und Medien versuchen uns weiszumachen, dass persönliches Handeln, ökologisches Konsumverhalten die Lösung sei. Damit verschleiern sie das Problem.

Ihr beide seid noch jung, wo seht ihr die Welt in zwanzig Jahren?

Julie Milani: Ich bin nicht optimistisch. Die Wirtschaft entwickelt sich immer profitorientierter, die Ungleichheit zwischen Reich und Arm steigt. Wenn es so weitergeht, kann es zu einer allgemeinen Desorganisation der Gesellschaft kommen. Dann verlieren wir unsere letzten Handlungsmöglichkeiten für ein klimataugliches Leben.

Melanie Müller: Es gibt Momente, in denen ich Angst vor der Zukunft habe. Dann überkommt mich eine grosse Traurigkeit über das menschliche Leid, über alles Schlimme, Unvorstellbare und Ungerechte in dieser Welt. Es macht mich wütend, von Menschen umgeben zu sein, die nicht aufhören, auf Kosten anderer zu leben. Die weiter uneingeschränkt konsumieren, Fleisch essen, fliegen. Und vor allem nicht zuhören wollen, wenn es um die grossen Probleme geht.

Es sind oft Männer, die in den grossen Unternehmen am Ruder sind. Ist die Klimakrise ein Männerproblem?

Julie Milani: Ja, mit den grossen Konzernen beuten hauptsächlich Männer alles aus – die Natur, die Menschen, besonders diejenigen, die ganz unten sind, also die Arbeiterinnen und Arbeiter des globalen Südens. Unsere

Welt wird von unterbezahlten Jobs wie Kinderbetreuung, Krankenpflege und unbezahlter Care-Arbeit aufrechterhalten. Frauen sind die am meisten ausgebeuteten Arbeitskräfte, die das System am Laufen halten.

Melanie Müller: Deswegen ist es so wichtig, den Zusammenhang zwischen dem Patriarchat und der Klimakrise zu sehen. Unser System baut auf Konkurrenz, Hierarchien und Kategorisierungen auf. Rassismus, Sexismus und Klassenherrschaft sind keine Nebeneffekte, sondern das Grundgerüst des Kapitalismus.

Gibt die weltweite Klimabewegung nicht Anlass zur Hoffnung?

Melanie Müller: Das Bewusstsein der Bevölkerung für das Klimaproblem wächst. Doch die Wirtschaft reagiert darauf hauptsächlich mit einer Vermarktung der Klimakrise, mit Greenwashing.

Es gibt doch einige positive Anzeichen in der Politik, in der Wirtschaft. Klimaspuren hat zahlreiche Initiativen besucht. Ist das nichts?

Melanie Müller: Auch die EU weiss, dass sie einen Plan vorweisen muss. Das sind dann so kleine Hoffnungsschimmer. Aber die Gesetze des Kapitalismus sind stärker, er ist ein Monster, das alles verschlingen wird. Hier bei uns in der reichen Schweiz schaffen wir es vielleicht, mit einem blauen Auge davonzukommen – vorläufig. Aber in Ländern, in denen jetzt schon ständig Krieg herrscht ...

Julie Milani: Ich habe den Eindruck, dass in jüngster Zeit überall auf der Welt grosse Bewegungen gegen Umweltzerstörung und Ausbeutung kämpfen. Das macht mir Hoffnung. Ich hoffe, dass sich die ökologischen immer mehr mit den sozialen Kämpfen verbinden werden, mit dem Widerstand der Frauen, der Migrantinnen und Migranten. Die Geschichte zeigt: Wo Menschen auf die Strasse gegangen sind und ihre Rechte eingefordert haben, haben sie mit der Zeit auch Änderungen durchgesetzt. DS

Fast schon Land-Art: Schützenstand Betzholz bei Hinwil ZH.

‹Netto Null› in Lausanne, Genf, Bern und Zürich

Die Waadtländer Metropole Lausanne hat sich auf den Weg gemacht, bis 2030 die direkten Emissionen um die Hälfte zu senken, bis 2040 um 70 Prozent, um spätestens bis 2050 klimaneutral zu sein. Dabei fordern die Lausanner Politikerinnen, dass der Bund und der Kanton vorwärtsmachen mit besseren Rahmenbedingungen. Mobilität soll bis 2030 klimaneutral sein. Der gesamte Autoverkehr soll bis dahin um die Hälfte verringert werden, und es sollen keine Fahrzeuge mit Verbrennungsmotoren mehr verkehren. Um dies zu erreichen, will die Stadt Métro und Bus deutlich vergünstigen und die Fussgängerzonen erweitern. Lausanne will, dass sich die von Velofahrerinnen und Velofahrern zurückgelegte Strecke bis 2030 versiebenfacht, der Fussverkehr soll um ein Fünftel zunehmen. Die Sanierungsrate der Gebäude sollte 3,3 Prozent pro Jahr erreichen, um den Energieverbrauch massgeblich zu senken und die CO_2-Emissionen in diesem Bereich bis 2050 auf null zu reduzieren. Dannzumal sollen drei Viertel aller Gebäude ans Fernwärmenetz angeschlossen sein und fossilfrei beheizt werden. Die mit Bäumen bestandene Fläche soll bis 2040 um die Hälfte erweitert werden. Wichtig ist der Stadtregierung, dass die Bewohnerinnen und Bewohner Klimaschutzlösungen suchen helfen. Und damit die Massnahmen sozial gerecht wirken, wird der Mieterschutz verstärkt, Mietzinserhöhungen sollen vermieden und die Mobilitätskosten gesenkt werden.

Das Haus für Studentinnen und Studenten in Lausanne ist aus Holz und mit nur wenig Beton gebaut. Die Architektinnen von Dürig und Itten + Brechbühl haben die 712 Wohnwaben entlang einer 2,8 Kilometer langen Spirale angeordnet.

Abfallpädagogik am Ufer des Neuenburgersees. Rechts im Bild Klimaspuren-Filmer Enrico Fröhlich mit Regisseur-Kappe und Henry-Fonda-Brille.

‹Netto Null 2050› in Genf

Genf ist die heimliche Klimahauptstadt der Welt. Hier hat die Weltorganisation für Meteorologie der UNO ihren Sitz. Für die Stadt Verpflichtung genug: So will sie den CO_2-Ausstoss bis 2030 um sechzig Prozent und bis 2050 auf ‹Netto Null› senken. Die stadträtliche Delegation für die ökologische Transformation setzt in einem ersten Schritt auf rund zwanzig einfache, rasch umsetzbare Massnahmen. Zum Beispiel mehr Velowege, zehn Prozent Biogas beim Heizen und auf eine um ein Grad tiefere Raumtemperatur in den städtischen Gebäuden. Auch Entsiegeln und Begrünen von Freiräumen steht an. Kantinen, Schulen, Heime, Quartierzentren und Museen kochen und servieren mehr vegetarische und vegane Gerichte. Der Bevölkerung, so Alfredo Gomez, Stadtrat der Grünen, empfehlen die Genfer Behörden die fünf Gebote:

Ich reduziere meine Flugreisen auf das Minimum.
Ich benutze das Velo und die öffentlichen Verkehrsmittel.
Ich ernähre mich häufiger ohne Fleisch.
Ich heize sparsam und effizient.
Ich teile, tausche, erfinde und repariere.

Wer von Klimapolitik in Genf spricht, muss auch Léman Express sagen. Als S-Bahn fährt er von Evian-les-Bains bis Coppet, von Annecy über Genf mit seinen neuen innerstädtischen Bahnhöfen bis Annemasse. In der Haute Savoie, dieser dynamischen grenzüberschreitenden Metropolregion, wohnen eine Million Menschen. In Genfs Zentrum gibt es 550 000 Arbeitsplätze. Täglich nutzen 50 000 Pendlerinnen und Pendler die Züge. Und so hat das komfortable System seine Kehrseite: Dank ihm sind Evian, Thonon und all die Gemeinden entlang der Einfallsachse zu Schlafstädten in der Bandstadt Lac Léman geworden. Immerhin – eine Pendlerin im Zug reist klimavernünftiger als eine im Auto, von denen es noch genügend gibt.

‹Netto Null 2045› in Bern

Die Bundesstadt will 2045 ‹Netto Null› erreicht haben. Dazu legt sie ein Klimareglement mit einem verbindlichen CO_2-Absenkpfad fest, für alle Emissionen und zwei sektorielle Absenkpfade für die Wärme (kontinuierliche Reduktion des Verbrauchs, mehr Energieeffizienz) und die Mobilität (Reduktion fossiler Treibstoffe). Und wichtig: CO_2 soll möglichst nicht kompensiert werden. Entwicklungs- und Raumplanung,

Veloparade vor der Heiliggeistkirche in Bern.

Auf dem Zürcher Werdmühleplatz steht
der Informationspavillon der Zürcher Klimabewegung.

Verkehrsplanung und Gestaltung des öffentlichen Raums werden der klimavernünftigen Stadt helfen, Emissionen zu vermeiden und sich an den Klimawandel anzupassen. Auch wird mit Geld gelenkt und gefördert. Das städtische Finanz- und Verwaltungsvermögen wird klimaverträglich bewirtschaftet. Sämtliche dem Stadtrat unterbreiteten Vorlagen müssen auf Klimaverträglichkeit überprüft werden. Die Stadt hat auch entschieden, den gleichen Betrag, den sie für die Entwicklungszusammenarbeit budgetiert, für Klimaprojekte in Ländern des globalen Südens einzusetzen.

‹Netto Null 2040› in Zürich

Schon 2019 hat der Gemeinderat (Legislative) für die grösste Schweizer Stadt ‹Netto Null› bis 2030 beschlossen. Er erfüllte damit eine Forderung der Klimastreikbewegung. Der Stadtrat (Exekutive) erwiderte, dass ‹Netto Null› frühestens 2040 erreicht werden könne. Ende 2021 ist der Gemeinderat auf einen Kompromiss eingeschwenkt. Er hat entschieden: Was im Einfluss der Stadt liegt, ist bereits bis 2035 umzusetzen: den Verkehr neu gestalten, die Öl- und Gasheizungen ersetzen und die Solarenergie ausbauen. Dabei ist ein mindestens linearer CO_2-Absenkpfad vorzusehen, über den der Stadtrat regelmässig berichten muss.

In einem ersten Schritt soll CO_2 nun bis 2030 um mindestens fünfzig Prozent gegenüber 1990 reduziert werden. Im Herbst 2021 stimmten die Zürcherinnen und Zürcher zudem einem ökologischen Stadtumbau zu. Es wird mehr Grün, neue Velowege und weniger Parkplätze geben. Beschlossen wurden Massnahmen zur Hitzeminderung und zur Förderung der Biodiversität. Um 30 Prozent reduzieren will Zürich bis 2040 auch indirekte CO_2-Emissionen. Also solche, die in der Stadt ausgelöst, die aber ausserhalb ihrer Grenzen produziert und ausgestossen werden: Auto- und Flugverkehr, Baumaterialien, Lebensmittel oder Konsumgüter, auch Textilien. Diese indirekten Emissionen machen dreimal mehr aus als die direkten Emissionen. Bei den indirekten Emissionen kann die Stadt allerdings nur begrenzt etwas tun, zum Beispiel, indem sie die Bevölkerung für die Problematik sensibilisiert. DS

Die eingezwängte Glatt unter der Autobahnbrücke bei Opfikon.

Das Bienenchalet im Architekturzoo

Die Hochschulen von Lausanne nehmen ihren pädagogischen Auftrag ernst. So steht in ihrem Campus ein grosser Torf- und Komposthaufen, geformt nach dem Vorbild von Herzog & de Meurons Turm von Basel. Schön auch sein Nachbar, das ‹Hôtel à Insectes›. Hier können die Studentinnen zuschauen, wie selbstverständlich die Tiere ökologisch wirtschaften: geringster Flächenanspruch pro Drohne und Biene, heizen mit Körperwärme, Mobilität aus eigener Kraft, kein Foodwaste, sondern emsige Lagerhaltung, Gemeinsinn wie die drei Musketiere – einer für alle, alle für einen.

‹Durabilité› steht überall in der Hochschulreklame. Für sie sorgt seit 2012 eine Abteilung des Rektorats von EPFL und Uni Lausanne. Vorab in der Landschaftsarchitektur wird das Bemühen anschaulich: Umsäumt anderswo günstig zu unterhaltender Rasen die Glas- und Steinklötze für Forschung und Lehre, so stehen sie hier in Magerwiesen, die im Sommer in allen Farben leuchten. Auch einen Bauernhof gibt es auf dem grossen Hochschulgelände: 40 Schafe, Gemüse- und Getreidefelder, Obstbäume und 12 Hektar Wald, zum grossen Teil als urbane Wildnis mit Dickicht. Eines Tages werden Wolf und Luchs hier wohnen.

In der Architektur erlahmt der vorbildliche Wille. Grosse Namen der Baukunst bauen hier einen Architekturzoo. Hausmaschinen feiern ein Hochamt des Glas-und-Beton, so etwa das viel gepriesene Rolex Learning Center der EPFL. Eine lange Wurst, in der es stickig und heiss ist. Klimavernünftiges Bauen geht anders, als Beton und Glas für einen Bau zu verschwenden, in dem die Besucher nur studieren können, wenn die Klimaanlage funktioniert.

Klimapunkte aber machen die Hochschulen, wie sie die Mobilität regieren. Automobilisten müssen einen hohen Preis für einen der 1700 Parkplätze hinlegen – nur ein kleiner Teil der Lehrerinnen und Studenten kommt mit dem Auto, die meisten mit der Metro oder dem Bus. Erstaunlich wenige aber fahren Velo. Und noch weniger kommen zu Fuss zum Studieren. Dabei regte der Fussgang – ‹balader›, wie sie hier elegant sagen – wunderbar das Nachdenken und Auswendiglernen an. Auch Albert Einstein hat $E=mc^2$ spazierend entdeckt. **GA**

Klimaspuren hat am 9. Juli die EPFL und die Universität Lausanne inspiziert und sich am Hochhaus der Insekten und am Chalet der Bienen erfreut.

Dreizehn Erkenntnisse, dreizehn Postulate und dreizehn Zuversichten

Erstens: Wem die Stunde schlägt

Während die Politik stillsteht, sind die Zivilgesellschaft und die Privatwirtschaft findig und rege und zeigen, wie Klimaschutz handfest funktioniert. Dieser Anschauungsunterricht macht Mut. Wenn es der Schweiz mit dem Ziel ‹Netto Null› ernst ist, müssen wir diese Kräfte stärken. Sie alle verbindet ein roter Faden: Widerstand, trommeln und anklagen ist wichtig, nötig aber ist zu zeigen, wie besser machen geht. Und Klimaschutz braucht Gerechtigkeit: Die, die für die Klimakrise hauptverantwortlich sind, sollen an das Bessermachen angemessen bezahlen.
Darum: Die Bevölkerung will anschaulichen, gerechten und handfesten Klimaschutz.

Zweitens: Menschen mitnehmen

Klimaschutz ist auch ein Lebensstil. Er stiftet Sinn und Erkenntnis, und er macht Lust. Klimaschutz ist nicht nur Kompensationsmathematik mit Umwegrechnungen, Vergütungen und Bestrafungen. Klimaschutz ist eine soziale Bewegung. Sie braucht Wissenschaft, sie braucht aber auch Musik, Theater, Literatur und Kunst.
Darum: Die Klimapolitik muss die Menschen mitnehmen. Nicht nur mit Zahlen und Modellen, sondern auch mit anschaulichen Projekten und guten Erzählungen.

Drittens: Besser bauen

Fossilfreie Siedlungen werden zum Standard. Nachholbedarf besteht bei der Sanierung der Altbauten, Öl- und Gasheizungen dürfen nicht mehr eingebaut werden. Alle wissen das, und dennoch zögern die, die von der überholten Technik profitieren, den Ersatz von Öl, Gas und Kohle hinaus, so lange es noch geht. Ungelöst ist der hohe Anteil von Beton im Hoch- und Tiefbau der Schweiz – er beträgt 90 Prozent. Auch wenn die Zementindustrie ihre Prozesse verbessert, so trägt die Betonfabrikation mit ihrem hohen CO_2-Ausstoss für Zement massiv zur Klimalast bei. In den Wäldern liegt viel Klimazukunft, die Forstwirtschaft rüstet sich ebenso für diese Zukunft wie die Technik, die Architektur und das Können der Zimmerleute sie formen. Alt wie das Holz ist die Kreislaufwirtschaft. Sie ist im 20. Jahrhundert weitgehend aus dem Bau verschwunden. Kluge Architektinnen und findige Handwerker zeigen nun an grossen Bauten, welche Möglichkeiten alte Bauten bergen, wenn sie umgenutzt statt abgebrochen werden. Wobei der Taschenrechner und das Baukönnen und -wissen wichtig sind – nicht jeder Altbau hat das Zeug zu einem guten Umbau.

Darum: Klimavernünftig bauen heisst im Kreislauf denken und den Beton meiden – und wo das unsinnig ist, ist eine gesalzene Ablasszahlung nötig.

Viertens: Schöner unterwegs sein

Die Klimaspurinnen sahen, spürten, hörten und rochen unterwegs in den Städten, Agglomerationen und über Land, wie massiv der Autoverkehr ist. Nur auf Elektromobilität zu hoffen, ist keine Lösung. Vielmehr liegt die Zukunft im Fuss- und Veloverkehr und in der Stärkung von Bahn und Bus zuungunsten von Auto und Flugzeug. Und in der Erfindung intelligenter kollektiver Mobilität auch für den ländlichen Raum. Es ist aber erstaunlich und schön zu erfahren, wie weit man zu Fuss kommt, der Fortbewegungsart, die die weitaus längste Strecke der Menschheitsgeschichte ausmacht.

Darum: Ohne substanzielle Reduktion des Autoverkehrs und ohne neue Formen der Mobilität wird kein Klimaschutz zu machen sein.

Klimaspuren-Gruppenbild mit Hund, aufgenommen auf dem Mormont bei La Sarraz.

Fünftens: Besser bauern

Hautnah hat Klimaspuren die Spaltung der Landwirtschaft erlebt. Hier die offizielle Politik des Bauernverbandes, der Agroindustrie, des Bundes und der Kantone, die die Bauern und Bäuerinnen in der Wachstumsspirale festzurrt: grössere Tierbestände, grössere Maschinen, mehr Kapital, mehr Verschuldung. Und also die Tatsache, dass der Beitrag der Fleischproduktion vom Acker über den Stall, die Fabrik in den Laden einen schönen Teil der CO_2-Emissionen ausmacht. Das ist die Mehrheit. Und dort ist die Minderheit: die Bäuerinnen und Bauern, die an einer Landwirtschaft leiden, die das Klima aufheizt und die Umwelt zerstört. Alle spüren die Folgen der Hitze und Trockenheit, sie wollen etwas dagegen tun. Sie probieren regenerative Anbaumethoden und reduzieren die Tierbestände. Sie montieren auf den grossen Dächern ihrer Ställe Sonnenkraftwerklein und verzweifeln an einer Politik, die den klimavernünftigen Umbau der Landwirtschaft in keiner Weise ernst nimmt.
Darum: Ohne substanziellen Klimaschutz kann keine
Agrarreform auskommen.

Sechstens: Schöner essen und trinken

Tiere essen ist ein Klimatreiber erster Güte und Hauptverursacher der Waldzerstörung weltweit. Und wenig oder kein Fleisch essen ist darum ein klimawirksamer, persönlicher Entscheid. Sechs Wochen lang assen und tranken sich die Klimaspurer durch die Gastwirtschaften der Schweiz. Nach dem zehnten Salatteller und der zehnten Portion Teigwaren hofft die Klimaspurin vergebens auf die Fantasie und das Können der Köche. Und gelernt hat Klimaspuren – die köstlichen Weine aus der Herrschaft, vom Bieler- oder Genfersee haben ein Verpackungsproblem, denn ihre Glasflaschen sind Klimaschleudern, und keine Alternative ist weit und breit in Sicht.
Darum: Mehr Fantasie in der Küche. Solange pflanzliche
Kochkunst nicht alltäglich auf dem Teller liegt,
beherrscht das Fleisch das Mittag- und Abendessen.

Siebtens: ‹Netto Null› erforschen

Die Wissenschaft will mit Forschung und Entwicklung in Architektur, Landschaft und Planung die erwarteten Folgen der Klimanot mindern: Städte brauchen Schatten, Durchzug, Wasser, Bäume, Biodiversität und Freiraum. Und die Ingenieurinnen erfinden Speicher für Sonnenenergie oder entwickeln Beton, der weniger CO_2 verursacht. Und sogar in der Erdölraffierie suchen Ingenieure Wege, Klimalasten zu mindern. Hoffnungsträger sind Solarthermie und Fotovoltaik, die viel mehr beitragen könnten, würde die Politik ihre Bedingungen grundlegend verbessern. Doch geht das Tempo des Ausbaus so gemächlich weiter, dauert es Jahrhunderte, bis das Potenzial der Sonne genutzt sein wird. Und Forschung genügt nicht – die Energiewende und die Klimavernunft müssen realisiert werden. Das braucht Schlosser, Mechanikerinnen, Sonneninstallateure – alles Berufe mit gravierenden Nachwuchsproblemen.
Darum: Die Forschung zur Klimakrise und Balancierung
ihrer Folgen muss genügend Spielraum, Freiraum und Geld haben.
Die Handwerksberufe, die die Klimavernunft bauen,
müssen gefördert werden.

Achtens: Dörfer stärken

Die Klimabewegung ausserhalb der Zentren zeigt, was Fantasie und Präsenz im ländlichen Raum bewirken können. Das ist nötig, wenn die Anliegen des Klimaschutzes mehrheitsfähig werden sollen. Die Fantasie und Freude, mit der Klimagruppen von Graubünden bis Genf Klimaspuren empfangen haben, schafft Hoffnung. Denn viele kleine Bewegungen stärken die grosse.
Darum: Klimaschutz braucht Gesichter, nicht nur Modelle;
Menschen, nicht nur Zahlen, im ganzen Land,
nicht nur in der Stadt. Und es braucht Geschichten der Zuversicht.
Nicht nur Diagramme des Untergangs eilen.

Neuntens: Menschenrecht schützen

Das unversehrte Leben ist ein Grundrecht. Wer die Klimakrise anheizt, ist zu hindern, das weiterhin zu tun, auch auf juristischem Weg.
Darum: Die Klimabeschädiger müssen auf allen Ebenen zur Rechenschaft gezogen werden, um sie zu zwingen, ihr Handeln zu verändern.

Zehntens: Finanzplatz umbauen

Mass, Achtsamkeit, Sorge – klimavernünftiges Handeln eines jeden, der Gesellschaft und des Staates sind gut. Nötig aber ist auch die handfeste Reform der grossen Hebel. Sie sind bei den Pensionskassen, bei den Versicherungen, bei den Vermögensverwaltern und bei den Banken. Sie finanzieren von der Schweiz aus die weltweite Ausbeutung und Verarbeitung von Kohle, Erdöl und Erdgas substanziell mit.
Darum: Der Finanzplatz ist gesetzlich auf ‹Netto Null› zu verpflichten: Keine Investition, keine Beteiligungen mehr an Kohle-, Erdöl- und Erdgasgeschäften.

Elftens: Uns verneigen vor dem Klimastreik

Ob bei Reto Gurtner in der Weissen Arena oder im Philosophischen Salon, ob beim Bauunternehmer Johannes Senn in St. Gallen, auf Gemeindebesuch in Wil oder bei Fabian Vogelsperger im Parc Chasseral – alle sagen zu Klimaspuren: «Klimastreik, Fridays for Future haben uns bewegt.» Greta Thunberg und ihresgleichen sind gar schnell in der Mitte der Gesellschaft angekommen, abgeschliffen und eingeschweizert. Zudem hat Corona das alltägliche Gespräch und den politischen Diskurs so lange dominiert, dass die Bewegung im Juni 2021 wenig sichtbar war. Enttäuschungen und Repression liessen die Aktivistinnen ermatten.
Darum: Wir verneigen uns. Klimastreik, Fridays for Future haben einen Platz im Geschichtsbuch. Mögen sie wieder aus dem Buch zurück auf die Strasse finden.

Der Vorabend: Klimaspuren rastet am 11. Juli in Hermance.
Die einen Wanderinnen und Wanderer schwimmen im Lac Leman,
die anderen schlafen am Strand den Schlaf der Gerechten.

Zwölftens: Gerechtigkeit

Die Klimakrise verstärkt Ungerechtigkeit und Ungleichheit. Arme Menschen und Gesellschaften werden mehr leiden als reiche. Einfach den Benzin- und Strompreis für alle erhöhen ist keine Klimapolitik.
Darum: Klimapolitik kann nur gelingen, wenn die Lasten so verteilt sind, dass die Reicheren mehr bezahlen als die Ärmeren – weltweit, schweizweit.

Dreizehntens: Klimaspurens Essenz

Wer läuft, lernt die Landschaft anders sehen, denn die Langsamkeit verändert die Wahrnehmung. Klimaspuren war in der Gebrauchsschweiz unterwegs und hat ihre Vielfalt an Räumen, Pflanzen, Tieren, Gerüchen und Geräuschen laufend liebgewonnen – das ist Klimaspurens Essenz, gewidmet dem verstorbenen Journalisten Jürg Frischknecht, dem Erfinder der politischen Wanderung.
Darum: Wandert in der Schweiz solang es sie noch gibt. GA

Heitere Zufriedenheit: Der letzte Kilometer, denn Klimaspuren erreicht am 12. Juli um 14.37 Uhr das Ufer des Lac Léman bei Genf. Vor den Augen der Jet d'eau, im Herzen die Erinnerung, im Gemüt die Melancholie. – Das wars.

Le Jet d'Eau

«... und am 12. Juli nachmittags tunken wir die Füsse beim Jet d'Eau, dem Wahrzeichen von Genf, in den See.» So tönte es am 1. Juni auf der Plazza Cumin von Ilanz. 735 Kilometer lang war die Fussreise – erstaunlich, wie weit man mit den eigenen Beinen kommt. Die Körper haben jetzt harte Wädli, lederne Fusssohlen und sind um ein paar Kilo leichter. Aber weder Sonnenstiche noch grössere Blessuren – alle 700 Gäste blieben putz und munter. Und zum Abschluss ein Fest in den Bains des Pâquis von Genf. Das eben gegründete Gesangstrio ‹Klimaklang› bietet die Welturaufführung seines ersten Programms. Bald singen alle mit, sitzen dicht gedrängt, essen Fondue und trinken Weisswein. Das Abenteuer schaukelt unter Dach nach 42 Tagen in die Vergangenheit. Und über Klimaspuren kesselt ein Unwetter mit Blitz, Donner und Sturzbachregen. **GA**

Glossar Klima

Adaption
Unter Adaption oder Anpassung an den Klimawandel werden Initiativen und Massnahmen verstanden, die dazu führen, dass Mensch und Natur weniger empfindlich gegenüber tatsächlichen oder zu erwartenden Auswirkungen des Klimawandels sind.

Agenda 21
Die ‹Agenda 21› ist ein 1992 im Rahmen der UNCED (UNO-Konferenz über Umwelt und Entwicklung) beschlossenes Aktionsprogramm. Es setzt Leitlinien für das 21. Jahrhundert, vor allem zur nachhaltigen Entwicklung. In der Agenda 2030 formulierte die UNCED 2016 17 Ziele für eine globale nachhaltige Entwicklung, die Sustainable Development Goals (SDGs).

Club of Rome
Der ‹Club of Rome› ist ein Zusammenschluss von Expertinnen und Experten verschiedener Disziplinen aus mehr als dreissig Ländern und wurde 1968 gegründet. 1972 veröffentlichte er den wegweisenden Bericht ‹Die Grenzen des Wachstums›. Seitdem setzt sich der Club of Rome für nachhaltige Entwicklung und den Schutz von Ökosystemen ein.

CO_2-Abscheidung und -Speicherung (CSS)
CO_2-Abscheidung und -Speicherung (CCS) ist ein Verfahren zur Reduktion von CO_2-Emissionen aus der Atmosphäre durch die technische Abspaltung und Einlagerung in Lagerstätten. Angewandt werden soll die CO_2-Abscheidung und -Speicherung bei grossen punktuellen Quellen von CO_2, vorrangig bei Kraftwerken mit fossilen Brennstoffen, bei Kehrichtverbrennungsanlagen, aber auch bei Industrieprozessen und im Bergbau.

CO_2-Äquivalente
CO_2-Äquivalent (abgekürzt CO_2eq) ist eine Masseinheit, um die Klimawirksamkeit von Treibhausgasen vergleichbar zu machen. Die Mengen anderer Treibhausgase werden dabei umgerechnet in die Menge CO_2, die denselben Effekt für die Erderwärmung hätte. In diesem Buch schreiben wir vereinfacht CO_2 und meinen auch CO_2-Äquivalente, soweit andere Klimagase mit im Spiel sind.

CO_2-neutral
Als CO_2-neutral werden Handlungen oder Prozesse bezeichnet, wenn sie keinen Einfluss auf die Kohlendioxid-Konzentration der Atmosphäre haben und insofern nicht klimaschädlich sind. Man spricht dann auch von Klimaneutralität.

Dekarbonisierung
Dekarbonisierung bezeichnet einen Prozess, in welchem die Nutzung kohlenstoffhaltiger Energieträger reduziert wird. Langfristiges Ziel ist der vollständige Verzicht auf Kohlenstoffe unter anderem in der Energieversorgung und der Mobilität. Dies geschieht beispielsweise durch den Einsatz von erneuerbaren Energien.

Emissionshandel

Der Emissionshandel ist ein Instrument der europäischen Klimapolitik mit dem Ziel, die Treibhausgasemissionen mit möglichst geringen volkswirtschaftlichen Kosten zu senken. Hierzu wird eine begrenzte Zahl an handelbaren Emissionsrechten ausgegeben. Das europäische Emissionshandelssystem fungiert dabei auch als Vorreiter eines möglichen globalen Systems. Das System beruht darauf, dass ein Betreiber einer erfassten Anlage für jede Tonne emittiertes CO_2 ein gültiges Zertifikat vorlegen muss und es nur eine begrenzte Menge an neuen Zertifikaten pro Jahr gibt. Ein Teil der Zertifikate wird Anlagenbetreibern kostenlos zugeteilt, die übrige Menge versteigert. Zertifikate sind handelbar, d. h., Betreiber können überschüssige Zertifikate verkaufen oder müssen zusätzlich benötigte Zertifikate nachkaufen. Emissionen erhalten so einen Preis und Anlagenbetreiber einen Anreiz, ihre Emissionen zu verringern.

Erneuerbare Energien

Erneuerbare Energien (auch regenerative Energien oder alternative Energien genannt) sind Energieträger, die durch ihre Nutzung nicht aufgebraucht werden oder sich so schnell erneuern, dass sie – in für Menschen fassbaren Zeiträumen gemessen – langfristig nutzbar sind. Zu den einheimischen erneuerbaren Energieträgern zählen in der Schweiz Sonne, Wasser, Wind, Umgebungswärme und Biomasse.

Gesamtenergieverbrauch

Der Gesamtenergieverbrauch bezeichnet den Verbrauch von Endenergie, die von den einzelnen Verbraucherinnen und Verbrauchern, von der Wirtschaft und vom Staat in Form von aufbereiteten Erdöl-, Erdgas- und Kohleprodukten wie Treibstoffe (Benzin, Diesel), Heizöl, Koks, Kohle sowie als elektrischer Strom oder Fernwärme genutzt wird. Diese Energie wird in Nutzenergie für mechanische Arbeit (Bewegen, Beschleunigen, Bremsen), für Beleuchtung und für Wärme- und Kühlvorgänge umgewandelt. Der Begriff Gesamtenergie umfasst sowohl die fossilen als auch die nicht fossilen Formen von Energie.

Graue Energie

Der Begriff graue Energie bezeichnet Energie, die für die Herstellung von Gütern sowie für deren Transport, Lagerung und Entsorgung benötigt wird. Auf diese Weise kann ein erheblicher Energieverbrauch entstehen, ohne dass dies für die Verbraucher direkt erkennbar ist. Wenn graue Energie nicht berücksichtigt wird, entsteht häufig ein falsches Bild der Wirklichkeit.

Klima

Klima unterscheidet sich vom Wetter insbesondere durch den längeren Zeitrahmen der Betrachtung. Die Klimatologie interessiert sich für die atmosphärischen Bedingungen einer grösseren Region und auf lange Sicht. Die Bestimmung des Klimas beruht auf monatlichen und jährlichen Mittelwerten, die während mindestens dreissig Jahren gesammelt wurden. Die Meteorologie hingegen beschäftigt sich mit dem Wetter an einem bestimmten Ort und zu einem präzisen Zeitpunkt.

Klimaerwärmung

Die Klimaerwärmung bezeichnet den Anstieg der durchschnittlichen Temperatur seit Beginn der Industrialisierung. Die durchschnittliche globale Temperatur hat zwischen 1880 und 2017 um 1 °C zugenommen. Insbesondere die starke Erwärmung seit 1950 um ungefähr 0,65 °C ist mit natürlichen Klimaschwankungen nicht mehr erklärbar. In der Schweiz beträgt die Erwärmung seit Beginn der Industrialisierung sogar ca. 2 °C.

Klimakompensation

Klimakompensation (auch: CO_2-Kompensation) ist ein Instrument, welches dazu dient, aktuelle Treibhausgas-Emissionen anderswo, zumeist im Ausland, auszugleichen. Es wird zum Beispiel von Unternehmen eingesetzt, um Klimaneutralität zu erreichen. Die Klimakompensation ist umstritten, da schlussendlich alle Länder auf ‹Netto Null› kommen müssen. Daher ist der Grundsatz, CO_2-Emissionen vermeiden, vermindern und erst dann kompensieren, besonders wichtig.

Klimaschutz

Klimaschutz bezeichnet die Gesamtheit der Massnahmen, die zur Verminderung der Treibhausgase beitragen und die Anpassungsfähigkeit an den Klimawandel erhöhen.

Klimaübereinkommen von Paris

An der Klimakonferenz in Paris Ende 2015 wurde für die Zeit nach 2020 ein Übereinkommen verabschiedet, welches erstmals alle Staaten der Erde zur Reduktion der Treibhausgasemissionen verpflichtet. Hauptziel ist, den durchschnittlichen globalen Temperaturanstieg gegenüber der vorindustriellen Zeit auf deutlich unter 2 °C zu begrenzen und eine maximale Erwärmung von 1,5 °C anzustreben. Bis in die zweite Hälfte des Jahrhunderts müssen die weltweiten Treibhausgasemissionen daher ‹Netto Null› betragen. Es dürfen also keine fossilen Emissionen mehr in die Atmosphäre gelangen. Weitere Hauptziele sind die Ausrichtung von staatlichen und privaten Finanzflüssen auf eine treibhausgasarme Entwicklung sowie eine Verbesserung der Anpassungsfähigkeit an ein verändertes Klima.

Klimawandel

Klimawandel bezeichnet die Änderung des durchschnittlichen Klimas, die über einen längeren Zeitraum andauert. Klimawandel kann durch interne natürliche Schwankungen, äussere Antriebe oder andauernde menschengemachte (anthropogene) Veränderungen in der Zusammensetzung der Atmosphäre oder der Landnutzung zustande kommen. Das globale Klima weist über Zeiträume von Jahren bis Jahrmillionen natürliche Schwankungen auf. Seit Beginn der Industrialisierung hat sich die Zusammensetzung der Atmosphäre durch die Emission von Treibhausgasen zunehmend verändert. Diese menschengemachte Entwicklung verstärkt den natürlichen Treibhauseffekt und führt zu einem spürbaren Wandel des Klimas.

Kohlendioxid (CO_2)

Kohlendioxid oder Kohlenstoffdioxid ist eine chemische Verbindung aus Kohlenstoff und Sauerstoff, ein unbrennbares, saures und farbloses Gas. CO_2 ist ein elementarer Bestandteil des globalen Kohlenstoffzyklus, ein natürlicher Bestandteil der Luft und ein wichtiges Treibhausgas in der Erdatmosphäre. Durch menschliche Aktivitäten, insbesondere durch die Verbrennung fossiler Energieträger, stieg der Anteil in der Erdatmosphäre von ca. 280 ppm (parts per million, Teile pro Million) zu Beginn der Industrialisierung auf über 420 ppm im Jahr 2022 an. Dieser Anstieg bewirkt eine Verstärkung des Treibhauseffekts, was wiederum die Ursache für die aktuelle globale Erwärmung ist.

Kyoto-Protokoll

Das Protokoll von Kyoto ist ein 1997 beschlossenes Zusatzprotokoll zur Ausgestaltung der Klimarahmenkonvention der UNO. Das 2005 in Kraft getretene Abkommen legte erstmals völkerrechtlich verbindliche Zielwerte für den Treibhausgasausstoss in den Industrieländern fest. Für Schwellen- und Entwicklungsländer gab es keine festgelegten Reduktionsmengen. Das Kyoto-Protokoll wurde 2015 vom Pariser Übereinkommen abgelöst.

Nachhaltige Entwicklung

Die Brundtland-Kommission entwickelte 1987 mit dem Report ‹Unsere gemeinsame Zukunft› das Konzept der nachhaltigen Entwicklung. Dieses bezeichnet eine Entwicklung, die den Bedürfnissen der jetzigen Generation dient, ohne die Möglichkeiten künftiger Generationen zu gefährden, ihre Bedürfnisse zu befriedigen. Der Ursprung der Idee liegt im Begriff der Nachhaltigkeit, welcher im 18. Jahrhundert erstmals in der Forstwirtschaft auftauchte. Heute bezieht sich der Begriff in der Regel auf soziale, ökonomische und ökologische Aspekte der Nachhaltigkeit.

Netto-Null-Emissionen

Wenn die Erderwärmung begrenzt werden soll, müssen die Emissionen von Treibhausgasen so rasch wie möglich auf null zurückgehen. Manche schwer zu verringernde Emissionen werden jedoch möglicherweise weiterhin freigesetzt. Deshalb sollen zum Ausgleich der verbleibenden Emissionen künftig neben den natürlichen CO_2-Speichern (wie Wälder und Böden) auch Technologien zum Einsatz kommen, die der Atmosphäre Treibhausgase dauerhaft entziehen und diese speichern. Daher die Bezeichnung ‹Netto Null›.

Ökologischer Fussabdruck

Der ökologische Fussabdruck misst den Verbrauch natürlicher Ressourcen und drückt in globalen Hektaren (gha) die Fläche aus, die für die Produktion dieser Ressourcen notwendig wäre. Der ökologische Fussabdruck zeigt auf, welche ökologische Produktionsfläche erforderlich ist, damit eine Region, ein Land oder die gesamte Menschheit die eigenen Bedürfnisse decken und die negativen Auswirkungen auf die Natur neutralisieren können. Der ökologische Fussabdruck erlaubt eine hoch aggregierte Aussage (in absoluten Werten) darüber, ob die Nutzung des Umweltkapitals nachhaltig ist oder nicht.

Ökobilanz

Die Ökobilanz (auch Life Cycle Assessment, LCA) ist eine Methode zur Abschätzung der Umweltauswirkungen von Produkten, Dienstleistungen oder Unternehmungen. Dabei wird bei einem Produkt der gesamte Lebensweg betrachtet, von der Rohstoffgewinnung und der Herstellung über den Transport und die Nutzung bis zur Entsorgung. Auf diesem Lebensweg werden der Verbrauch von Energie und Rohstoffen und der Ausstoss schädlicher Stoffe in Luft, Wasser und Boden gemessen oder berechnet.

Senke

Senken sind Ökosysteme oder geologische Reservoire, die CO_2 binden und dadurch zeitweilig oder dauerhaft Kohlenstoff aufnehmen können (z.B. Wälder, Böden, Moore, Meere). Insbesondere Waldbäume nehmen während des Wachstums viel CO_2 auf. Sie speichern den Kohlenstoff in der Biomasse, und den Sauerstoff geben sie zurück an die Atmosphäre. Beim Abbau oder bei der Verbrennung der Biomasse wird wieder CO_2 gebildet und an die Atmosphäre abgegeben. Ökosysteme bilden Senken, wenn sie mehr CO_2 aufnehmen als abgeben.

Solarenergie

Als Solarenergie oder Sonnenenergie bezeichnet man die Energie der Sonnenstrahlung, die in Form von elektrischem Strom, Wärme oder chemischer Energie technisch genutzt wird. Sonnenstrahlung ist dabei die elektromagnetische Strahlung, die als Folge von Kernfusionsprozessen im Sonneninneren auf der Sonnenoberfläche entsteht. Die Solarenergie lässt sich sowohl direkt (z.B. mit Fotovoltaikanlagen für elektrischen Strom oder Sonnenkollektoren für Wärme) als auch indirekt (z.B. mittels Wasser- oder Windkraftanlagen und in Form von Biomasse) nutzen. Auch wenn die Solarenergie erst wenige Prozent ausmacht, gilt sie als Schlüssel zur Lösung des Klimaproblems.

Treibhauseffekt

Die Sonne erwärmt die Erdoberfläche, die ihrerseits Wärmestrahlung an die Atmosphäre abgibt. Treibhausgase in der Atmosphäre nehmen diese Strahlung auf und schicken einen Teil davon wieder zur Erde zurück. Aufgrund dieser Rückstrahlung erwärmen sich die Erdoberfläche und die unterste Atmosphärenschicht. Je höher die Konzentration der Treibhausgase, desto grösser ist diese zusätzliche Erwärmung. Dieser an sich natürliche Effekt ermöglicht Leben auf der Erde. Ohne Treibhausgase in der Atmosphäre läge die mittlere Temperatur auf der Erde bei etwa minus 18° C. Durch die vom Menschen emittierten Treibhausgase wird das natürliche Gleichgewicht zwischen Ein- und Abstrahlung jedoch gestört.

Treibhausgase

Treibhausgase sind gasförmige Bestandteile der Atmosphäre, die den Treibhauseffekt verursachen. Die wichtigsten von Menschen verursachten Treibhausgase sind: Kohlendioxid (CO_2), Methan (CH_4), Distickstoffmonoxid (N_2O, Lachgas), Fluorkohlenwasserstoffe (HFCs), perfluorierte Kohlenwasserstoffe (PFCs), Schwefelhexafluorid (SF_6) und Stickstofftrifluorid (NF_3).

Treibhausgasemissionen

Treibhausgasemissionen bezeichnen Emissionen von Gasen, welche sich auf den Treibhauseffekt auswirken. Kohlendioxid macht mit ca. 82% den grössten Anteil der Treibhausgasemissionen in der Schweiz aus. Es entsteht etwa bei der Verbrennung fossiler Brenn- und Treibstoffe (Erdöl, Erdgas, Kohle) oder Zementherstellung. Kohlendioxid wird auch in der Landwirtschaft (Viehhaltung und Düngung), der Abfallbewirtschaftung (Deponien, Kompostierung/Vergärung, Abwasserreinigung) und durch die Nutzung fossiler Energieträger erzeugt. Methan (ca. 10% Anteil) entsteht v.a. in der Landwirtschaft durch Viehhaltung, Düngung, Getreideanbau (z.B. Reis). Lachgas (ca. 5% Anteil) fällt ebenfalls in der Landwirtschaft (Böden und Düngung) sowie in der Energieumwandlung und in der Industrie und Abwasserreinigung an.
Die restlichen 3% der Treibhausgasemissionen in der Schweiz entfallen auf die synthetischen Treibhausgase (HFCs, PFCs, SF_6 und NF_3). Sie werden vor allem in der Industrie verursacht (Halbleiterherstellung, Lösungs- und Kältemittel, Elektronikindustrie).

Umweltkosten

Bei der Umweltkostenrechnung handelt es sich sowohl um interne Umweltkosten (innerhalb eines Systems, z.B. Betriebes) als auch um externe Umweltkosten (ausserhalb eines System). Obwohl häufig nur Kosten betrachtet werden, die durch die tatsächliche, allgemein bekannte und messbare Belastung der Umwelt entstehen (z.B. durch den Autoverkehr), umfasst das moderne Verständnis von Umweltkosten auch alle emissions- und reststoffbedingten Materialflusskosten, also auch Einkaufs-, Personal-, Abschreibungs- und Entsorgungskosten (z.B. graue Gebäudeenergie). Mit der Internalisierung externer Kosten wird versucht, die tatsächlichen Umweltkosten abzubilden.

Umweltprogramm der Vereinten Nationen (UNEP)

Das Umweltprogramm der UNO mit Sitz in Nairobi versteht sich als Stimme der Umwelt. UNEP wirkt als Auslöser, Anwalt, Lehrer und Vermittler für den schonenden Umgang mit der Umwelt und einer nachhaltigen Entwicklung. UNEP arbeitet mit verschiedenen Partnern zusammen, darunter anderen UNO-Organisationen, anderen internationalen Organisationen, Regierungen, Nichtregierungsorganisationen und Unternehmen.

UNO-Klimakonferenz (COP)

Die UNO-Klimakonferenz ist die jährlich stattfindende Vertragsstaatenkonferenz (Conference of the Parties, COP). Ziel ist die Umsetzung des UNO-Klimarahmenabkommens UNFCCC. Damit sollte der Klimaschutz weltweit vorangetrieben und ärmeren Ländern Unterstützung bei der Anpassung an die Erderhitzung und im Kampf gegen den Klimawandel geleistet werden. Seit der ersten Konferenz von 1979 in Genf fanden 26 weitere COPs statt, die bisher letzte 2021 in Glasgow.

UNO-Konferenz über Umwelt und Entwicklung (UNCED)

Die UNCED fand vom 3. bis 14. Juni 1992 in Rio de Janeiro statt. Sie gilt als Meilenstein für die weltweite Integration von Umwelt- und Entwicklungsbestrebungen. Wichtige Ergebnisse der UNCED sind die ‹Agenda 21›, die Rio-Erklärung über Umwelt und Entwicklung, die Klimarahmenkonvention, die ‹Forest Principles› und die Biodiversitätskonvention.

UN-Klimarahmenabkommen (UNFCCC)

United Nations Framework Convention on Climate Change (UNFCCC) ist ein Rahmenübereinkommen der UNO über Klimaänderungen von 1992. Es handelt sich um einen völkerrechtlichen Vertrag mit dem Ziel, eine gefährliche anthropogene Störung des Klimasystems zu verhindern, die globale Erwärmung zu verlangsamen sowie ihre Folgen zu mildern. Die wichtigste Verpflichtung der Konvention ist, dass alle Vertragspartner regelmässige Berichte, sogenannte Treibhausgasinventare, zu veröffentlichen haben, in denen Fakten zur aktuellen Treibhausgasemission und Trends enthalten sein müssen.

Weltklimarat (IPCC)

Der Weltklimarat (Intergovernmental Panel on Climate Change, IPCC) ist ein zwischenstaatlicher Ausschuss für Klimaänderungen. Seine Aufgabe ist es, den Stand der akademischen Forschung zur Klimaänderung sowie deren möglichen Folgen für Umwelt, Gesellschaft und Wirtschaft zusammenzufassen, damit die Politik informiert entscheiden kann. Die Sachstandsberichte des IPCC vereinen das Wissen über Klimaprozesse, Einflüsse sowie Anpassung an den Klimawandel und seine Abschwächung.
Der IPCC wurde 1988 von der UNEP und der WMO gegründet.

Weltorganisation für Meteorologie (WMO)

Die Weltorganisation für Meteorologie ist eine Sonderorganisation der UNO mit Sitz in Genf. Die WMO hat 193 Mitglieder in Form von Staaten und Territorien. Ihre Aufgabe ist die Bereitstellung weltweiter Fachkompetenz und internationaler Kooperation in den Bereichen Wetter, Klima, Hydrologie, Wasserressourcen und verwandter Umweltbereiche.

Das Wissen um Klima, Klimapolitik, Klimafolgen und Klimawissenschaft verändert sich schnell. Redaktionsschluss des Buches war der 31. Januar 2022. Klimaspuren hat Dutzende Bücher und Aufsätze gelesen. Wir haben auf ‹klimaspuren.ch/buch› ein ausführliches Verzeichnis von Quellen und weiterführender Literatur angelegt.
Der QR-Code führt auf diese Seite.

Wanderroute, Veranstaltungen und Lokaltermine

Klimaspuren wanderte vom 1. Juni bis 12. Juli 2021 innert sechs Wochen von Ilanz im Kanton Graubünden nach Genf in der Westschweiz. Die Route folgte weitgehend offiziellen Wanderwegen.

1. Juni 2021, Tag 1, Ilanz – Valendas Dorf – Valendas Station – Laax
Distanz: 14 km, Aufstieg: 700 m, Abstieg: 300 m, Wanderzeit (immer ohne Pausen): 4 h 15 min.
Ilanz: Start auf der Plazza Cumin mit Carmelia Maissen, Gemeindepräsidentin.
Valendas: Die Klimasiedlung ‹Burggarta› und die Renaissance des Dorfes. Mit Gion A. Caminada, Architekt, sowie Hansueli Baier und Walter Marchion von Valendas Impuls.
Laax: Kann Massentourismus Klimaschutz? Gespräch mit Reto Gurtner und Reto Fry, Weisse Arena Gruppe, Christian Baumgartner, Fachhochschule Graubünden, und Dominik Siegrist, Klimaspuren.

2. Juni 2021, Tag 2, Laax – La Mutta – Tamins
Distanz: 16 km, Aufstieg: 450 m, Abstieg: 900 m, Wanderzeit: 4 h 30 min.
Ruinaulta: Der Kampf von Birdlife, Pro Natura und WWF für den Lebensraum des Flussuferläufers von Isla Bella, mit Köbi Gantenbein, Klimaspuren.
Tamins: Das solare Bürogebäude. Eine Besichtigung mit Bruno Krucker, Architekt, Christian Capaul, Rhiienergie, und Axel Simon, Hochparterre.

3. Juni 2021, Tag 3, Tamins – Felsberg – Calinis – Chur
Distanz: 14 km, Aufstieg: 200 m, Abstieg: 250 m, Wanderzeit: 3 h 30 min.
Felsberg: Solarkraftwerk PVA Calinis. Besichtigung mit Markus Feltscher, Verwaltungsratspräsident Rhiienergie.
Chur, Alexanderplatz: Treffen mit der Klimabewegung und Klimajugend Graubünden. Happening für einen menschen- und klimafreundlichen Verkehr im Rheintal und in der Stadt Chur.
Chur, Fachhochschule Graubünden: Wie kann der Tourismus und vor allem die touristische Mobilität bis 2050 CO_2-neutral sein? Podiumsgespräch mit Mario Cavigelli, Regierungsrat Graubünden, Georg Klingler, Greenpeace, Jon Pult, Präsident Verein Alpen-Initiative und Nationalrat, Jürg Schmid, Präsident Graubünden Ferien, Till Berger, Bundesamt für Raumentwicklung, und Agrena Schuler, Klimastreik Graubünden.
Moderation: Christian Baumgartner, Fachhochschule Graubünden.

4. Juni 2021, Tag 4, Chur – Haldenstein – Untervaz – Mastrils – Landquart
Distanz: 22 km, Aufstieg: 240 m, Abstieg: 300 m, Wanderzeit: 5 h 20 min.
Haldenstein: Gasser AG, Begegnung mit Josias Gasser, Unternehmer.
Haldenstein, Kirche: Gespräch mit Peter Zumthor und dem Bündner Heimatschutz.
Untervaz, Zementwerk: Begegnung mit Simone Stürwald, Betoningenieurin Fachhochschule OST.
Landquart, Plantahof: Weinbau und Landwirtschaft im Klimawandel mit Walter Fromm, Rebbaukommissär Graubünden, und Claudio Müller, Geschäftsführer Maschinenring, und Klimabauern Graubünden.

5. Juni 2021, Tag 5, Landquart – Siechenstuden – Maienfeld – Fläsch – Balzers – Schaan (Liechtenstein)
Distanz: 32 km, Aufstieg: 350 m, Abstieg: 450 m, Wanderzeit: 8 h
Malans, Siechenstuden: Happening mit der Klimagruppe Malans.
Fläsch, Mehrzweckhalle: Der Sonnenkindergarten, mit Daniel Ladner, Architekt.
Schaan, Werkhof: Sonnenfeier mit Andi Götz und der Solargenossenschaft Liechtenstein.
Schaan, Netzwerkstatt Alpen, mit CIPRA und der Liechtensteinischen Gesellschaft für Umweltschutz LGU.

Auf Klimaspuren

6. Juni 2021, Tag 6, Schaan – Bendern – Schellenberg (Liechtenstein)
Distanz: 12 km, Aufstieg: 350 m, Abstieg: 150 m, Wanderzeit: 3 h 30 min.
Schellenberg, Gasthaus Krone: mit Rosmarie Wydler-Wälti, KlimaSeniorinnen.

7. Juni 2021, Tag 7, Schellenberg – Salez – Rheinuferweg – Mäder (Vorarlberg)
Distanz: 26 km, Aufstieg: 100 m, Abstieg: 300 m, Wanderzeit: 6 h 15 min.
Salez, Landwirtschaftliches Zentrum: Mit Andy Senn, Architekt, und Markus Hobi, Bauherr.
Ruggell, Gasthof Adler: Lebendiger Alpenrhein, mit Andi Götz.
Mäder: Begegnung mit Bürgermeister Rainer Siegele und Vizebürgermeister Rainer Gögele.

8. Juni 2021, Tag 8, Mäder – Altstätten – Ruppen – Trogen
Distanz: 20 km, Aufstieg: 900 m, Abstieg: 350 m, Wanderzeit: 6 h 15 min.
Trogen, Reformierte Kirche: Landwirtschaft im Wandel, mit Jérôme Tschudi, Arzt,
Fabia Knechtle Glogger, Bio-Winzerin, Christine Schwaller, Solawi Seebeli,
Philipp Sicher, Schweizerischer Fischereiverband, Jens Weber, SP Appenzell Ausserrhoden,
und Alexandra Gavilano, Greenpeace.

9. Juni 2021, Tag 9, Trogen – Speicher – Landmark – St. Gallen
Distanz: 11 km, Aufstieg: 450 m, Abstieg: 650 m, Wanderzeit: 3 h 15 min.
St. Gallen, Brühlgasse 37: St. Gallen 2050, von Leonie Senn, Anna Senn, Fabiano Perrino,
Nico Stacher. Mit der Firma Senn.
St. Gallen, Gallusplatz: Vernissage des Buches ‹Bauen in den Alpen›, mit Köbi Gantenbein, Autor,
Silvia Jost, Bundesamt für Raumentwicklung, und der Kapelle ‹Alpenglühn›.
Mit Constructive Alps.

10. Juni 2021, Tag 10, Ruhetag St. Gallen
St. Gallen, Fachhochschule OST: Das Klima braucht sozialen Wandel, mit Johanna Brandstetter
und Christian Reutlinger, Fachhochschule OST.

11. Juni 2021, Tag 11, St. Gallen – Glatt-Tobel – Uzwil
Distanz: 27 km, Aufstieg: 600 m, Abstieg: 750 m, Wanderzeit: 7 h
St. Gallen: Treffen mit Anna Miotto, Klimastreik St. Gallen.
Uzwil, Bahnhofplatz: Aktion mit dem Klimastreik St. Gallen.

12. Juni 2021, Tag 12, Uzwil – Will – Fischingen
Distanz: 25 km, Aufstieg: 550 m, Abstieg: 450 m, Wanderzeit: 6 h 30 min.
Wil, Weiherwiese: Klimapicknick, mit den Grünen ‹prowil› und Stadtpräsident Hans Mäder.
Fischingen, Kloster: Klimagerechtigkeit? Mit Jeanine Kosch, Theologin, Matthias Dörnenburg,
Fastenopfer, Prior Pater Gregor, Fischingen, und Geneva Moser, Redaktorin ‹Neue Wege›.

13. Juni 2021, Tag 13, Fischingen – Hörnli – Bauma – Wetzikon
Distanz: 26 km, Aufstieg: 950 m, Abstieg: 1050 m, Wanderzeit: 7 h 30 min.
Wetzikon, Kulturfabrik: Klimaspuren-Fest mit Klängen der Kapelle ‹Echo vo hine links›.

14. Juni 2021, Tag 14, Wetzikon – Hinwil – Bäretswil – Rapperswil-Jona
Distanz: 19 km, Aufstieg: 250 m, Abstieg: 350 m, Wanderzeit: 4 h 45 min.
Hinwil, KZO: Fernwärme und Klima, mit Matthias Gfeller, Alt-Stadtrat Winterthur.

15. Juni 2021, Tag 15, Ruhetag Rapperswil-Jona

Rapperswil-Jona, alle Veranstaltungen an der Fachhochschule OST:
Besichtigung Power-to-Gas-Pilotanlage, mit Luca Schmidlin
und seinem Power-to-Gas-Team und Zoe Stadler, Klimaspuren.
BSLA-Standpunkt zur klimaangepassten Siedlungsentwicklung, mit Claudia Moll, BSLA,
Florian Glowatz und Elena Lischka, Büro Planikum.
Anpassung an den Klimawandel in der Agglomeration Obersee,
mit Monika Schenk, Hager Partner.
Campus als Reallabor, mit Mark Krieger, Fachhochschule OST.
2. Klimakonferenz ‹Gebäude und Areale›, mit Andres Herzog, Hochparterre, Köbi Gantenbein,
Klimaspuren, Carsten Wemhöner und Susanne Kytzia, Fachhochschule OST,
Sebastian El Khouli, Bob Gysin Partner Architekten.

16. Juni 2021, Tag 16, Rapperswil – Hombrechtikon – Hinteregg – Uster

Distanz: 28 km, Aufstieg: 550 m, Abstieg: 500 m, Wanderzeit: 7 h
Hinteregg, Hof Narr: Landwirtschaft neu denken, mit Georg Klingler, Hof Narr,
und Christoph Küffer, Fachhochschule OST.
Uster: Hochparterre Städtebau-Stammtisch zu Klimaschutz in der Kleinstadt, mit Marc Zaugg
Stern, RZU, Nadine Kaspar, Stadtplanung Stadt Uster, Anke Domschky, ZHAW,
Kaspar Thalmann, Architekt, Monika Hungerbühler, EWP, Angelus Eisinger, RZU,
und Rahel Marti, Hochparterre.

17. Juni 2021, Tag 17, Uster – Dübendorf – Flughafen Zürich-Kloten

Distanz: 23 km, Aufstieg: 150 m, Abstieg: 200 m, Wanderzeit: 5 h 45 min.
Kloten, Butzenbühl: Fertig Fliegen! Mit Marco Weibel, Stefan Bruderer und Simon Muntwiler,
Terran und Flugstreik.
Zürich, Kulturpark: Was ist und was will Suffizienz? Mit Suzann-Viola Renninger,
mit der Volkshochschule Zürich und dem Verein Klimastadt Zürich.

18. Juni 2021, Tag 18, Ruhetag Zürich

Zürich, Klimaraum: Finanzplatz Zürich und Klima, mit Daniel Stern, WochenZeitung.
Mit dem Verein Fossil-Free.
Zürich, Kulturpark: Hitzeminderung in der Stadt Zürich, mit Ingo Golz,
Michael Fuchs und Alexander Kochan, Grün Stadt Zürich, sowie Veronika Sutter,
Umwelt- und Gesundheitsschutz Stadt Zürich.
Zürich West: Klima-Stadtspaziergang mit Simone Brander, SP und Stadtklima-Initiative,
Benjamin Schwarzenbach, Stadtgrün-Initiative. Mit Klimastadt Zürich.
Zürich, Werdmühleplatz: Soirée Climatique beim Klimapavillon, mit Richard Wolff, Stadtrat,
Rahel Gessler, Umwelt- und Gesundheitsschutz Stadt Zürich, Nicola Siegrist, Kantonsrat SP.

19. Juni 2021, Tag 19, Zürich Affoltern – Regensdorf – Lägern – Baden

Distanz: 26 km, Aufstieg: 800 m, Abstieg: 850 m, Wanderzeit: 7 h 15 min.
Regensdorf Nord: Klimavernunft und der grosse Massstab, mit Jörg Koch und Birgit Hattenkofer,
Pensimo, und Max Walter, Gemeindepräsident, Regensdorf.
Lägern: Waldspaziergang, mit Markus Byland, Revierförster, Peggy Liechti und
Rainer Zulauf, Bibergeil.
Wettingen, Buessberg: Forêt en plus, Siedlungswaldwirtschaft in der Klimazeit, mit Rainer Zulauf
und Lukas Zumsteg, Gruppe Bibergeil, und dem Tanzorchester
‹Johann Wilhelm Fortunat Coaz & Friends›.

20. Juni 2021, Tag 20, Baden – Brugg – Wildegg
Distanz: 24 km, Aufstieg: 250 m, Abstieg: 250 m, Wanderzeit: 6 h
Baden, Bagni populari, mit Daniela Dreizler.
Turgi, Limmetspitz: Klimawandel im Wasserschloss der Schweiz, mit Norbert Kräuchi, Abteilung Landschaft und Gewässer Kanton Aargau.

21. Juni 2021, Tag 21, Wildegg – Gisliflue – Aarau
Distanz: 19 km, Aufstieg: 750 m, Abstieg: 750 m, Wanderzeit: 5 h 30 min.
Gisliflue: Abbaupläne der Jura-Cement-Fabriken. Mit der IG Gisliflue.

22. Juni 2021, Tag 22, Ruhetag Aarau
Aarau, Naturama: Zwischen CO_2-Gesetz und Gletscher-Initiative, mit Irmi Seidl, Eidg. Forschungsanstalt für Wald, Schnee und Landschaft WSL, Myriam Roth, Verein Klimaschutz Schweiz, Ruedi Noser, Ständerat FDP, Gabriela Suter, Nationalrätin SP, Kurt Egger, Nationalrat Grüne. Moderation: Christoph Keller.

23. Juni 2021, Tag 23, Aarau – Schönenwerd – Olten
Distanz: 19 km, Aufstieg: 250 m, Abstieg: 250 m, Wanderzeit: 4 h 45 min.
AKW Gösgen: Atomausstieg und Klimaschutz, mit Heini Glauser.
Olten, Kantonsschule und Stadtwanderung: Baukultur klimavernünftig, mit Mirjam Kupferschmid und Rahel Dürmüller. Mit der Gruppe ‹Countdown 2030›.

24. Juni 2022, Tag 24, Olten – Rumpelhöchi – Langenbruck
Distanz: 15 km, Aufstieg: 850 m, Abstieg: 500 m, Wanderzeit: 4h 30 min.
Olten, Ausstellung: ‹Olten erkunden – dere schöne Aare naa›, wie Künstlerinnen in der Klimakrise arbeiten, mit Rani Magnani, Kunsthaus Olten.
Olten, Rumpel: Wald im Klimawandel, mit Veronika Röthlisberger, Bezirksförsterin.
Langenbruck, Ökozentrum: Klimaprojekte am Ökozentrum und in Langenbruck, mit Maja Graf, Ständerätin Grüne, Hector Herzig, Gemeindepräsident, Hans Weber, Gemeinderat, Walter Steinmann und Linda Jucker, Ökozentrum.

25. Juni 2021, Tag 25, Langenbruck – Holderbank – Burgruine Neu Falkenstein – Balsthal – Schwengimatt
Distanz: 16 km, Aufstieg: 750 m, Abstieg: 450 m, Wanderzeit: 4 h 30 min.
Holderbank, auf dem Thaler Holzweg: Treffen mit Andrin Dürst, Naturpark Thal, Balsthal.
Klus: Besichtigung der AEK Pellet-Fabrik.
Balsthal, Klus: Umfahrungsstrasse versus Klimaschutz. Mit Fabian Müller und der Bürgerinitiative ‹Läbigi Klus›.

26. Juni 2021, Tag 26, Schwengimatt – Hällchöpfli – Rüttenen – Solothurn
Distanz: 21 km, Aufstieg: 700 m, Abstieg: 1300 m, Wanderzeit: 6 h 30 min.
Solothurn, Kreuz: Wie der Finanzplatz den Klimawandel befeuert und was wir dagegen tun können. Mit Peter Haberstich, Greenpeace, und Henrik Nordborg, Fossil Free.

27. Juni 2021, Tag 27, Solothurn – Blätterkinden – Kirchberg – Burgdorf
Distanz: 30 km, Aufstieg: 250 m, Abstieg: 150 m, Wanderzeit: 7 h
Luterbach: Hochwasserschutz und Revitalisierung an der Emme.
Oberburg: Jenni Energietechnik, Solarpioniere und Energietechnik, mit Josef Jenni.

28. Juni 2021, Tag 28, Burgdorf – Krauchthal – Utzigen – Bern
Distanz: 32 km, Aufstieg und Bahnweg: 950 m, Abstieg: 950 m, Wanderzeit: 8 h 30 min.
Bern, Genossenschaft Warmbächli: Klimavernünftig bauen mit Axel Simon, Hochparterre, und den Architektinnen und Architekten von Holzhausen Zweifel und BHSF.

29. Juni 2021, Tag 29, Ruhetag Bern
Bern, Bahnhofplatz: Inspektion der Velohauptstadt Bern, mit Marieke Kruit, SP, und Franziska Teuscher, Grüne, Gemeinderätinnen, Stephanie Stotz, Fachstelle Fuss- und Veloverkehr, Franziska Grossenbacher und Benjamin Zumbühl, Verkehrs-Club der Schweiz VCS Bern.
Bern, Alpines Museum: Die Alpen, Opfer und/oder Verursacher des Klimawandels?
Mit Katharina Conradin, CIPRA International, Françoise Jaquet und Benno Steiner, Schweizer Alpen-Club SAC, Jon Pult, Alpen-Initiative, Jürg Schweizer, WSL-Institut für Schnee- und Lawinenforschung SLF, Dominik Siegrist, Klimaspuren.

30. Juni 2021, Tag 30, Bern – Jetzikofen – Lobsigen – Aarberg
Distanz: 21 km, Aufstieg: 500 m, Abstieg: 600 m, Wanderzeit: 5 h 30 min.
Jetzikofen, Hof Hebeisen: Solarinitiative der Grünen Kanton Bern.
Mit Natalie Imboden und David Müller, Grüne Kanton Bern, Franziska Grossenbacher, Initiativkomitee, Res Hebeisen und Ursula Schüpbach, Gastgeber und Gastgeberin.

1. Juli 2021, Tag 31, Aarberg – Hagneck – Biel/Bienne
Distanz: 23 km, Aufstieg: 150 m, Abstieg: 150 m, Wanderzeit: 5 h 25 min.
Hagneck: Besichtigung des Kraftwerks der BKW, anschliessend Diskussion zum Thema ‹Neue Gletscherseen und Klimaschutz› mit Daniel Fischlin, Kraftwerke Oberhasli, Raimund Rodewald, Stiftung Landschaftsschutz, Katharina von Steiger, Grimselverein und Triftkomitee, Rolf Weingartner, Universität Bern, und Catherine Duttweiler.
Mit dem Forum Landschaft, Alpen, Pärke der SCNAT.
Biel, St-Gervais: Der Drachentöter, Theaterstück, wie Biel seine Stadtautobahn verloren hat, mit Benedikt Loderer und Myriam Roth, Stadtrat und Stadträtin der Grünen in Biel.

2. Juli 2021, Tag 32, Biel/Bienne – Schernelz – Nods
Distanz: 21 km, Aufstieg: 750 m, Abstieg: 300 m, Wanderzeit: 5 h 50 min.
Ligerz/Schernelz, Räblus Weinbau: Wein, Klima und Umtrunk, mit Ruth Wysseier und Werner Swiss Schweizer, Winzer.
Nods, Hotel Cheval Blanc: Klimalandschaften, neue Windenergieanlagen im Jura? Mit Raimund Rodewald, Stiftung Landschaftsschutz Schweiz, und Fabian Vogelsperger, Parc Chasseral.

3. Juli 2021, Tag 33, Nods – Lignières – Cressier – Neuchâtel
Distanz: 22 km, Aufstieg: 450 m, Abstieg: 850 m, Wanderzeit: 5 h 45 min.
Cressier, Parc de la Raisse: Le futur des énergies fossiles: oxymore ou fenêtres d'opportunités?
Avec Daniel Märki et Enrique Espin de VaroEnergy, Stéphanie Penher de l'Association Transports et Environnement ATE.
Neuchâtel, Jardin Botanique: Plan d'action pour une politique climatique sociale de Travail.Suisse, avec Denis Torche.

4. Juli 2021, Tag 34, Neuchâtel – Auvernier – Montezillon
Distanz: 10 km, Aufstieg: 350 m, Abstieg: 50 m, Wanderzeit: 2 h 30 min.
Neuchâtel, Laténium: Sports de montagne en 2050, avec Dominique Gouzi, Section Neuchâteloise du Club Alpin Suisse CAS, Maren Kern, Mountain Wilderness, Alexia Massacand, MountaiNow, Laure-Emmanuelle Perret Aebi, Compaz, Benno Steiner, SAC.
Auvernier: Visite et dégustation du vin à la Maison Carrée, avec Jean-Denis Perrochet, viniculteur.

5. Juli 2021, Tag 35, Montezillon – Gorges de l'Areuse – La Ferme Robert – Creux-du-Van
Distanz: 18 km, Aufstieg: 1250 m, Abstieg: 600 m, Wanderzeit: 6 h
Gorges de l'Areuse: Sécheresse et perte de la biodiversité dans le Jura à cause du réchauffement climatique, avec Miguel Ferreguero, géologue.
Creux du Van: Protection de la site précieux et fragile, avec Alain Tschanz, ranger.

6. Juli 2021, Tag 36, Creux-du-Van – Sauges – Yverdon
Distanz: 31 km, Aufstieg: 250 m, Abstieg: 1200 m, Wanderzeit: 7 h 45 min.

7. Juli 2021, Tag 37, Yverdon – Orbe – La Sarraz
Distanz: 24 km, Aufstieg: 350 m, Abstieg: 250 m, Wanderzeit: 6 h
Yverdon, Champ Pittet: Visite de la Grande Cariçaie, avec Antoine Gander, Pro Natura.
La Sarraz, Phusis: Dégustation du vin avec Steve Bettschen et Michel Herren, viniculteurs, et Patrick Schönenberger, Changins.

8. Juli 2021, Tag 38, La Sarraz – Penthalaz – Lausanne
Distanz: 25 km, Aufstieg: 300 m, Abstieg: 400 m, Wanderzeit: 6 h
La Sarraz: Visite de la colline du Mormont, avec Daniel Rochat, Association pour la Sauvegarde du Mormont, François Girot, Holcim Ecléplens et des zadistes de la zad de la colline.
Penthaz, salle communale du Verger: Accueil de M. le Syndic Didier Chapuis et des activistes du groupe ‹System Change› de la Grève du Climat Vaud.

9. Juli 2021, Tag 39, Ruhetag Lausanne
Lausanne, UniL: Partons à la découverte du campus et du Vortex, avec Delphine Douçot et Julien Meillard, Direction – Durabilité et Campus UNIL et Initiative des Alpes.
Lausanne, Amphimax UniL: Adaption au réchauffement climatique, avec Emmanuel Reynard, Jacques Mourey, Centre interdisciplinaire de recherche sur la montagne (CIRM), Floriane Kaiser, Initiative des Alpes.

10. Juli 2021, Tag 40, Lausanne – Thonon (Schiff)

11. Juli 2022, Tag 41, Thonon – Douvaine – Hermance
24 km, Aufstieg: 150 m, Abstieg: 200 m, Wanderzeit: 6 h

12. Juli 2021, Tag 42, Hermance – Collonge – Vandoeuvres – Genève
21 km, Aufstieg: 250 m, Abstieg: 250 m, Wanderzeit: 5 h
Chevrens: visite vins biodynamiques au Domaine des Champs Lingot, avec Calude-Alain Chollet.
Genève, Jardin Botanique: Evénement de clôture Traces du climat, avec Alfonso Gomez, Conseil administratif de la Ville de Genève, Stéphane Goyette, de l'Université de Genève, Omar Baddour de l'Organisation météorologique mondiale (OMM).

Mitwandernde und Mitwirkende

Elena Ackermann, Elisabeth Ackermann, Maria Ackermann, Otto Ackermann, Toni Ackermann, Simon Aellig, Christian Aeschlimann, Anna Albisetti, Judith Althaus, Matthias Althof, Michèle Andermatt, Angelo Andina, Marc Angst, Mentor Arapi, Daniel Arn, Raphi Arnold, Julie Assuncao, Olivier Attinger, Susanne Attinger, Vren Attinger, Zoe Auberson, Jean-Philippe Bacher, Petra Bachofer, Hans-Georg Bächtold, Denis Badan, Madeleine Badan, Sylvain Badan, Omar Baddour, Hansueli Baier, Ursa Baltensperger, Lilo Bannelier, Florian Bardet, Christine Barny, David Bartschi, Marius Basty, Barbara Bättig, Jasmine Baumann, Christian Baumgartner, Urs Baur, Anne Beer, Elisabeth Beer, Lea Beer, Begüm Bektas, Jeffrey Belt, Michael Benedetg, Fabienne Berchtold, Till Berger, Pascale Berlincourt, Vio Bernath, Silvio Bernhard, Eveline Berset, Jean-Pierre Berset, Josiane Berset, Hanne Bestvater, Steve Bettschen, Patricia Bianchin, Anke Biedenkapp, Heidi Bieri, Simone Bissig, Christian Blaser, Rosmarie Blaser, Sven Blum, Thomas Bolli, Lina Boos, Miguel Borreguero, Katrin Bösiger, Benedict Boucsein, Eric Bovet, Clara Brambilla, Simone Brander, Anne Brandl, Johanna Brandstetter, Beatrix Braun, Karin Braun-Krautter, Reto Brawand, Vera Briner, Manuela Bröckelmann, Mario Broggi, Stefan Bruderer, Moritz Brumm, Ursula Bründler Stadler, Tanja Brunner, Gabi Brunner, Julian Bruns, David Bühler, Kilian Bühlmann, Corsin Bundi, Nathalie Bur, Oswald Bürgi, Pia Bürgler, Jacqueline Buri, Eliane Burri-Sperisen, Markus Byland, Evelina Cajacob, Meret Cajacob, Juan Calle, Gion A. Caminada, Martin Camponovo, Christian Capaul, Hepl Caprez, Hans Caprez, Sarah Caspers, Mario Cavigelli, Didier Chapuis, Tania Chassot, Olivier Chauvet, Pascale Chauvet, Claude-Alain Chollet, Michael Clerc, Michel Collet, Katharina Conradin, Wendy Cue, Lorenzo Custer, Hans Conrad Daeniker, Danièle de Montmollin, Lina De Sousa, Michelle Debrot, Elisabeth Decrey Warner, Lukas Degen, Laurene Descamps, Quentin Deville, Noemi d'Hooge, Daniel Dias dos Santos, Urs Dieterle, Markus Dietz, Monique Doloir, Anke Domschky, Martin Dormann, Mathias Dörnenburg, Delphine Douçot, Daniela Dreizler, Rémy Duding, Paul Duperrex, Nicole Düpre, Martin Dürmüller, Rahel Dürmüller, Andrin Dürst, Catherine Duttweiler, Roland Eberle, Ursi Ebner, Manuela Egeter, Sebastian Eggenberger, Kurt Egger, Cornelia Ehrbar, Felix Eichenlaub, Nina Eichholz, Christian Eisenhut, Johannes Eisenhut, Claudia Eisenring, Angelus Eisinger, Martha Eisschiel, Sebastian El Khouli, Nina Engeli, Max Ertle, Enrique Espin, Paul Everett, Michael Fahlbusch, Beat Fähndrich, Urezza Famos, Richi Faust, Aleksej Fedoseev, Ralph Feiner, Markus Feltscher, Werner Fessler, Anna Fierz, Rahel Fierz, Andrea Finger, Marianne Fischbacher, Michèle Fischer, Daniel Fischlin, Annette Flückiger, Eveline Flückiger, Federico Flückiger, Michael Flückiger, Elsbeth Flüeler, Annette Fluri, Margret Föppl, Audrey Fornoni, Kim Förster, Cilgia Franck, Marigna Franck, Andreas Frei, Carlo Frey, Georg Frey, Marietta Frey, Werner Fricker, Sereina Fritsche, Nora Fritschi, Walter Fromm, Matthias Frommelt, Florian Fuchs, Michael Fuchs, Heini Fümm, Julian Fürholzer, Sophie Fürst, Manette Fusenig, Anja Gada, Antoine Gander, Köbi Gantenbein, Lydia Gantenbein, Ursula Gantenbein, Fiona Garnham, Philippe Gasser, Josias Gasser, Alexandra Gavilano, Eva Geilinger, Daniel Gelzer, Silvia Gemperle, Edouard Gence, Ernst Gerber, Rahel Gessler, Matthias Gfeller, Roland Gianese, Paola Giovanoli, François Girod, Barbara Gisler, Heini Glauser, Florian Glowatz, Max Gmür, Simon Gneist, Silvan Gnos, Ingo Golz, Alfonso Gomez, Joana Goncalves, Arthur Got, Andreas Götz, Andi Götz, Romain Götz, Dominique Gouzi, Stéphane Goyette, Andreas Graf, Stefanie Graf, Maya Graf, Stefan Grass, Lucia Gratz, Prior Pater Gregor, Bruno Gretler, Anna Grichting, Sibylle Grieder, Mark Griffin, Elena Grignoli, Hans Grob, Nicole Grossenbacher, Franziska Grossenbacher, Senga Grossmann, Lena Gubler, Cécile Guérin, Marco Guetg, Marcus Guidon, Matilde Guignard, Yves Guignard, Mélanie Guillebeau, Reto Gurtner, Markus Gwerder, Peter Haberstich, Beat Hächler, Jonathan Hacker, Johanna Häckermann, Barbara Haller Rupf, Thomas Hammer, Marina Hämmerle, Lisa Hämmerli, Catherine Hamon, Emil Hänni, Marc Hänni,

Priska Hänni, Hansueli Alig Hansueli Alig, Luzius Harder, Michael Haslebacher, Erik Hatlanek,
Birgit Hattenkofer, Vivian Hauss, Michael Hawrylenko, Res Hebeisen, Christian Hedinger,
Luzia Hedinger, Marie-Claude Hefti, Christof Hegi, Franz Heiniger, Laura Heiniger, Silv Heiniger,
Wilma Heiniger, Franziska Helfer, Ruedi Helfer, Christiane Hempler, Alice Heri,
Jeannine Hersche, Hector Herzig, Andres Herzog, Laurin Hilfiker, Carola Hillman, Hansruedi Hitz,
Markus Hobi, Beata Hochstrasser, Brigitte Hof, Stefan Hofstetter, Michaela Hogenboom,
Corinne Holtz, Sebastian Holzhausen, Roderick Hönig, Ueli Hug, Matthias Hui,
Bastien Humbert-Droz, Laura Humbert-Droz, Axel Humpert, Monika Hungerbühler,
Matthias Hunziker, Eva Hurley, Raphael Hürlimann, Marco Huwiler, Rita Illien, Natalie Imboden,
Eva Inderwildi, Christoph Jaag, Marika Jacquemart-Bouaoudia, Martin Jäger,
Madlaina Janett, Curdin Janett, Nicolin Janett, Regina Jaquenod, Françoise Jaquet, Mia Jenni,
Josef Jenni, Nils Jocher, Gioia Jöhri, Leana Jöhri, Sina Joos, Helen Joss, Sylvia Jost,
Linda Jucker, Xenia Junge, Philipp Mathias Junker, Felix Kägi, Floriane Kaiser, Patrizia Kälin,
Nadine Kaspar, Elvira Kaspar, Quentin Katherine, Kevin Kaufmann, Emma Kaul,
Barbara Keller, Markus Keller, Christoph Keller, Maren Kern, Lea Ketterer Bonnelame, Ulrich Kias,
Remo Kistler, Luci Klecak, Leonhard Klemm, Veronika Klemm, Georg Klingler,
Ursula Kloter, Fabian Knechtle Glogger, Metta Knöpfel, Peter Knutti, Martina Köbel, Jörg Koch,
Alexander Kochan, Pierre Kocher, Jean-Michel Koehler, Anja Kollmuss, Jeanine Kosch,
Martin Kostezer, Marie-José Kouévi, Norbert Kräuchi, Jaromir Kreiliger, Ines Kreinacke,
Mark Krieger, Bruno Krucker, Marieke Kruit, Peter Küchler, Christoph Küffer,
Guido Kühn, Esther Kühne, Hannah Kündig, Silvia Kündig, Heinz Kunz, Mirjam Kupferschmid,
Barbara Kuster, Susanne Kytzia, Daniel Ladner, Peter Lämmle,
Graham Lancashire, Lucia Lauenstein, Frank Lavanchy, Martin Leder, Sandra Lee,
Barbara Lehmann, Christian Lehmann, Yann Lenggenhager, Marie-Anne Lerjen,
Nora Leszczynski, Sophie Leu, Markus Leupp, Peggy Liechti, Laurindo Lietha, Kathrin Lingenhag,
Fabian Lippuner, Elena Lischka, Beat Locher, Verena Locher, Benedikt Loderer,
Selina Lucarelli, Claudia Lüchinger, Yolanda Ludwig, Doris Luong Ba, Andreas Lüscher,
Hansueli Lüscher, Thierry Lustenberger, Sylvie Lüthi, Walter Lutz, Jeanine Ly,
Justin Lydement, Kathrin Maag, Johanna Machguth, Rani Magnani, Raphaela Maibach,
Rolf Maibach, Erika Maier, Carmelia Maissen, Linda Malzacher, Roman Manser,
Oliver Marchand, Walter Marchion, Daniel Märki, Erna Marti, Markus Marti, Rahel Marti,
Manuel Martini, Alexia Massacand, Maya Mathias, Michael H. Matti,
Antonietta Matticoli, Elvira Matticoli, Zoryana Mazko, Hannes Leo Meier, Jessica Meier,
Rolf Meier, Christoph Meili, Rahel Meili, Julien Meillard, Enrique Méndez Ramallo,
Annika Merkle, Martine Meylan, Magotte Michel, Julie Milani, Anne-Catherine Minnig,
Anna Miotto, Margit Mönnecke, Claudia Moll, Jacqueline Moret, Leonie Moretto,
Christoph Morger, Geneva Moser, Edwin Moser, Hannes Leo Moser-Zulauf, Myrta Moser-Zulauf,
Jacques Mourey, Katarina Mrazek, Elisabeth Müggler Dürmüller, Nora Mühlberger,
Andrea Müller, Caroline Müller, Christian Müller, Cyril Müller, Melanie Müller, Rosmarie Müller,
Claudio Müller, David Müller, Fabian Müller, Oda Müller, Simon Muntwiler,
Peter Muster, Rita Muster, Valentine Nadeau, Kathrin Näf, Ueli Nagel, Lorenz Neher,
Joachim Nelles, Ben Newman, Gilbert Nicod, Gisèle Nicod, Susanna Niederer,
Claudia Nobs, Eva Noger, Henrik Nordborg, Ursula Nordt, Ruedi Noser, Ursula Nüesch Schudel,
Donat Oberson, Thomas Oesch, Dominik Ohlemacher, Katrin Ollech,
Regula Ott, Elisa Padovan, Larissa Palézieux, Chari Papagiannakis, Claude Papas, Tatjana Pegam,
Stéphanie Penher, Lorenz Perincioli, Laure-Emanuelle Perret Aebi, Christine Perrochet,
Jean Denis Perrochet, Christa Peyer-Schlegel, Barbara Pfäffli, Claudia Pfammatter, Erika Pfiffner,
Peter Pfister, Natascha Pilawa, Mathieu Pochon, René Pomey, Marta Portmann,
Boris Previšić, Gabriela Projer, Ladina Projer, Jon Pult, Fabienne Ranft, Fadri Ratti, Romero Ratti,
Andrea Raymann, Hakon Reichardt, Sabine Reichen, Antje Reineck, Suzann-Viola Renninger,
Christian Reutlinger, Peter Reutlinger, Emmanuel Reynard, Anne Richter-Brauns, Philipp Ritz,
Mary-Jeanne Robert, Daniel Rochat, Raimund Rodewald, Nick Röllin, Daniel Rosenkranz,

Isabelle Roth, Lucie Roth, Myriam Roth, Veronika Röthlisberger, Markus Rüegger, Thomas Sacchi, Werner Saner, Alma Sartorius, Monika Saxer, June Schädelin, Jonas Schälle, Arjan Schärer, Helen Schärli, Melchior Schärli, Berti Schaub, Cynthia Schaub, Iwan Schauwecker, Dominik Scheibler, Rapheal Schellenberg, Susanne Schellenberger, Monika Schenk, Dres Schild, Monika Schirmer, Rita Schirmer-Braun, Katy Schlatter, Chiara Schmed, Agnes Schmid, Bettina Schmid Hegi, Jürg Schmid, Rita Schmid, Walter Schmid, Luca Schmidlin, Anea Schmidlin, Andreas Schmidt, Tom Schmidt, Andreas Schneider, Beat Schneider, Franziska Schneider, Michel Schneider, Thomas Schneider, Kayle Schneider Huong, Simon Schneiter, Patrick Schönenberger, Urs Schori, Janine Schraner, Hans Ulrich Schudel, Beat Schuler, Helena Schuler, Pia Schuler, Kaspar Schuler, Agrena Schuler, Philipp Schultz, Ursula Schüpbach, Markus Schwaller, Christine Schwaller, Benjamin Schwarzenbach, Tarah Schweizer, Jürg Schweizer, Werner Swiss Schweizer, Edith Schweizer Lutz, Barbara Schwemmer, Sophie Schwerin, Tim Seidel, Irmi Seidl, Ludmila Seifert, Romain Seignez, Martin Seiz, Beatris Senften, Barbara Senn, Johannes Senn, Gaby Senn, Andy Senn, Philipp Sicher, Raini Sicher, Rainer Siegele, Dominik Siegrist, Madeleine Siegrist, Nicola Siegrist, Aurelia Siegrist, Florian Siegrist, Jakob Signer, Gion Duno Simeon, Andreas Simmen, Axel Simon, Antonietta Söldi, Daniela Spack, Eva Spehn, Andrea Spiess, Harry Spiess, Christoph Spörri, Manuela Spörri, Aline Stadler, Meredith Stadler, Zoe Stadler, Gertrud Stäheli, Sandra Steffan, Luisa Steiger, Roxane Steiger, Hans Steiger, Marco Steinacher, Walter Steinmann, Pascal Steinemann, Alexander Steiner, Benno Steiner, Bruno Steiner, Michel Steiner, Noa Steiner, Toni Steiner, Verena Steiner, Greg Stelli, Anna Stenik, Elisabeth Stern, Daniel Stern, Barbara Stieger, Gerhard Stolz, Stephanie Stotz, Dirk Strabel, Maarit Ströbele, Mariann Strub, Adrian Stucki, Alexandra Studer, Simone Stürwald, Elly Süsstrunk, Rainer Suter, Simone Suter, Gabriela Suter, Veronika Sutter, Aline Telek, Séverine Telley, Tedla Tesfaye, Franziska Teuscher, Louise Thaller, Barbara Thalmann, Kaspar Thalmann, Ralph Thielen, Claudia Thiesen, Stefan Tittmann, Schoschanah Tlach, Daniel Torche, Ueli Trachsler, Marc Trottmann, Sabine Trüb, Heinrich Trudel, Bettina Truninger, Ursula Trunz, Heinz Tschabold, Alain Tschanz, Kurt Tschanz, Thomas Tscharner, Anna-Margreth Tschirky, Jérôme Tschudi, Michael Tulio Bühler, Bonaventura van Eerd, Bruno Vanoni, Lena Vaucher, Daniela Velentini, Sabine Venturelli, Schiefer Viktoriya, Patrick Vincent, Carl Violeau, Marielle Viredaz, Antoinette Voellmy, Marco Vögeli, Fabien Vogelsberger, Katharina Vogt, Frieder Voll, Hans-Georg von Arburg, Susanne von Arx, Ulrich Von Spiegel, Katharina von Steiger, Lisan Vugts, Marion Wagner, Fridolin Walcher, Charlotte Walder, Claudia Walser Simeon, Max Walter, Claudia Wassmer, Anita Weber, Hans Weber, Jens Weber, Lieni Wegelin, Marco Weibel, Bea Weilenmann, Urs Weilenmann, Rolf Weingartner, Erwin Weiss, Hans Weiss, Norbert Weixlbaumer, Carsten Wemhöner, Peter Wenig, Patrick Wetli, Franz Wetzel, Hanny Wey, Johann Wey, Guido Wick, Lucie Wiget, Ruedi Wild, Nicole Wirz Schneider, Alfred Wittwer, Richard Wolff, Christine Wüest, Youlo Wujohk, Thomas Wunderlin, Luca Wüthrich, Rosmarie Wydler-Wälti, Christian Wyss, Marina Wyss, Ruth Wysseier, Christiane Yvelin, Lore Zablonier, Thea Zani, Arno Zarn, Marc Zaugg Stern, Rosa Maria Zegg, Rolf Zimmerli, Jürg Zobrist, Thomas Zobrist, Rita Zuber, Rainer Zulauf, Benjamin Zumbühl, Lukas Zumsteg, Peter Zumthor, Katrin Zürcher Wunderlin, Jolanda Zurfluh, Anne-Käthi Zweidler, Hannes Zweifel.

Texte, Fotos, Dank

Köbi Gantenbein
ist Verleger von Hochparterre. Seit Bub wandert er kreuz und quer durch den Kanton Graubünden, wo er lebt.

Dominik Siegrist
lehrt und forscht an der Fachhochschule OST in Rapperwil und ist immer wieder als Alpen- und Klimawanderer unterwegs. Er lebt mit seiner Familie in Zürich.

Zoe Stadler
arbeitet als Ingenieurin im Bereich Power-to-Gas an der Fachhochschule OST, leitet dort den Klimacluster und engagiert sich in Zürich im Verein Klimastadt Zürich.

Für Klimaspuren in der Romandie engagierten sich Sylvain Badan und Lucie Wiget.
Sylvain arbeitet als Geograf im Büro für Mobilität in Bern und kommt aus Lausanne. Lucie ist Biologin, arbeitet als Dozentin und beim Schweizer Alpen-Club SAC. Sie lebt in Neuenburg.

Ralph Feiner
arbeitet und lebt in Malans. Er ist als Fotograf der Chronist der Architektur und Landschaft in Graubünden.

Jaromir Kreiliger
arbeitet und lebt in Ilanz. Er ist Fotograf, Filmemacher, Bergsteiger und Kristallsucher.

Fotonachweis
Laurent Dillieron, Keystone: S. 219; Ralph Feiner: Umschlagbilder und S. 11, 15, 18, 21–26, 29–37, 39–58, 61–65, 67, 69, 77, 79, 80–83, 88–93, 97–101, 107–109, 111, 112, 117, 123–129 o., 134–137, 155, 177–181, 191, 194–197, 208–211, 227, 231, 236, 251, 259; Köbi Gantenbein: S. 120, 157; Thomas Hodel: S. 84; Peter Klaunzer, Kesytone: S. 66; Jaromir Kreiliger: S. 8, 13, 17, 72–75, 95, 102–105, 114, 133, 141, 144–147, 149 u., 151–153, 158, 169–175, 182, 186–189, 192, 201–203, 207, 214–217, 220–223, 228, 233–234, 239–248, 253–257 o., 261–270; Franz Schnider: S. 162; Regula Sicher: S. 68, Dominik Siegrist: S. 14, 27, 60, 95, 129 u., 139, 143, 149 u., 161, 165, 167, 199, 205, 213, 225, 257 u.; Staatsarchiv Graubünden: S. 130; Zoe Stadler: S. 66, 71, 124.

Klimaspuren dankt …
… den über 700 Wanderinnen und Wandern, den gut 300 Gastgeberinnen, Rednern, Forscherinnen, Architekten, Ingenieurinnen, Förstern, Politikern, Bäuerinnen und Aktivisten an den Ortsterminen, die uns Red und Antwort standen.
Sie sind in der langen Liste der Beteiligten aufgeführt.
… der Alpen-Initiative, dem SAC, dem Forum Landschaft, Alpen, Pärke der SCNAT, Cipra, dem Verein Klimastadt Zürich, Greenpeace, der Klima Allianz, dem Verein Klimaschutz, KlimaSeniorinnen, dem Bildungshaus Salecina in Maloja, der WochenZeitung WoZ und dem Zentrum Ranft in Flüeli-Ranft.
Sie haben uns mit Rat und Tat unterstützt.
… Senn St. Gallen, Kulturpark Zürich, Gasser Gruppe Chur, Pensimo Zürich, Lotteriefonds des Kantons Thurgau, SWISSLOS/Kulturförderung, Kanton Graubünden, zwei Privatpersonen und vielen Kleinspenderinnen und Kleinspendern.
Sie haben Hochparterres Themenheft, die Expedition, den Film und das Buch finanziell ermöglicht.
… der Fachhochschule OST und Hochparterre. Sie haben Klimaspuren getragen und produziert.

Impressum

Herausgeber: Köbi Gantenbein, Dominik Siegrist, Zoe Stadler
Mitarbeit: Sylvain Badan und Lucie Wiget
Texte: Köbi Gantenbein GA, Dominik Siegrist DS, Zoe Stadler ZS,
Sylvain Badan SB und Lucie Wiget LW.
Fotografie: Ralph Feiner und Jaromir Kreiliger
Lektorat und Produktion: René Hornung
Gestaltung: Antje Reineck
Korrektorat: Dominik Süess
Verlagsarbeit: Gabriela Projer
Lithografie: Team media GmbH, Gurtnellen
Druck: Ostschweiz Druck AG, Wittenbach
Buchbinderei: Bubu AG, Mönchaltorf
Papier: RecyStar Polar
Klimaneutral hergestellt in der Schweiz

Edition Hochparterre, Ausstellungsstrasse 25, 8005 Zürich
Telefon + 41 44 444 28 88
verlag@hochparterre.ch, edition.hochparterre.ch
1. Auflage, © Edition Hochparterre 2022

ISBN 978-3-909928-78-1